천국과 지옥 간증 수기 4

성경편 제 2 권 – 모세편

서사라 지음

천상에서 모세와 대화하다!
성경의 궁금한 것들이 풀리다.

하늘빛출판사

천국과 지옥 간증 수기 4

성경편 제 2 권 – 모세편

서사라 지음

목차

제 2 부
(2014. 6. 17 ~ 7. 1)

제 3 부

(2014. 7. 1 ~ 8. 15)

이 책을 쓴 동기

천국에서 주님은 나에게 천국과 지옥 간증 수기 1권 (녹색 책 표지)과 2권 (붉은색 책표지)외에 또 다른 분홍색과 살색이 혼합된 책표지로 된 5권의 책들을 보여주시면서 나보고 이것들도 써야 한다고 하셨다.

그런데 이 다섯 권의 책들은 다 성경에 관한 책들인데 주님은 그중에 특별히 두 번째 책은 모세와 같이 써야 한다고 하셨다.
그래서 성경편 제 2권은 모세편으로 나오게 되었다.

나는 천국에서 모세를 만났는데 그는 다른 믿음의 선진들하고는 좀 많이 다르게 느껴졌다. 왜냐하면 그는 나에게 참으로 나와 대화를 하기 전에 많이 뜸을 들였기 때문이다. 물론 나에게 책임이 대부분이 있겠지만 정말 내가 눈물을 많이 흘릴 정도로 그는 나와 대화를 쉽게 열지 않았다.

물론 그 모든 것이 다 내 문제였다는 것을 나중에 알게 하여 주었다. 왜 그랬는지를 모세는 나에게 세 가지로 설명하여 주었다.

첫 번째는 내가 하나님의 말씀을 받을 만큼 충분히 준비가 되지 아니하였다는 것이다.

두 번째는 내가 말씀을 받을 만큼 충분히 거룩하지 않다고 했다. 즉 이것은 내가 말씀을 받을 만큼 충분히 회개가 안 되었다는 것이 었다.

세 번째는 자신이 가르쳐 주기 전에 내가 너무 아는 체한다는 것이다. 그러므로 모세는 천국에서 가르쳐 주는 것을 받아들이기 위하여 서는 내가 지상에서 가진 선지식을 버려야 한다는 것이었다.

처음에 모세와 대화가 원활히 이루어지지를 않아 나는 무척 힘들어 하였으나 나중에는 모세와 가장 정이 든 것 같았던 것도 사실이다.

나는 이 모세편을 통하여 성경을 수십 번을 읽어도 풀리지 않던 궁금증들을 주님께서 천상에서 모세와의 대화를 통하여 알게 하여 주신 것에 대하여 다시 오실 예수 그리스도 그분께 무한한 감사와 찬양을 올려 드린다.

LA에서 서사라 목사

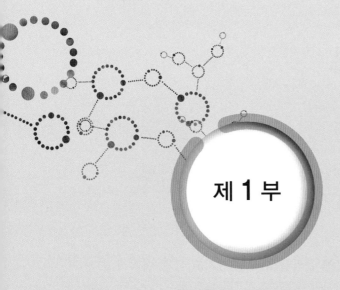

제 1 부

2014. 6. 6

~ 2014. 6. 14

01
모세의 집을
처음으로
방문하다

(2014. 6. 6)

천국에 올라갔다.

나를 태우고 천국에 올라갈 수레를 가지고 나를 데리러 오는 천사가 두 명이다. 하나는 두 마리의 말이 끄는 황금 보석 수레를 모는 천사이고, 그리고 다른 한 명은 수레바깥에서 나를 '주인님'이라고 부르는 나를 호위하는 천사이다.

그리고 나를 데리러 온 수레가 나를 태우고 순식간에 천국 대문 즉 황금으로 장식된 진주문에 이르면 대문 바깥에 흰 두 날개가 달린 두 천사가 문의 양쪽에서 '사라님 오셨다' 하면서 그 큰 대문을 옆으로 활짝 열어준다.

그리하면 나를 태운 마차는 항상 천국의 황금대로 왼편에 멈추어선다. 내가 수레에서 내리면 수레 밖에서 보통은 흰 두 날개 달린 두 명의 천사가 나를 수레에서 내리는 것을 보조하는데 오늘은 사춘기 정도의 나이가 되는 즉 십대로 보이는 어린 천사들이 여러 명이 보였다.

그들은 서로 내 손을 잡아서 주님께로 인도하기를 원했다.

그러나 내 앞쪽으로 가장 가까이 서 있는 두 명이 질서 있게 나의 손을 잡아서 나를 수레에서 내릴 수 있도록 보조하여 주었다. 그런데 오늘 따라 나를 내려놓은 수레가 멈춘 곳이 주님이 서 계신 곳과는 상당히 떨어진 거리로 느껴졌다.

보통은 나를 태운 수레가 주님이 계신 바로 길 건너편에 도달하므로 황금대로만 건너면 바로 주님께로 갈 수가 있었다.

그런데 오늘은 상당한 거리가 느껴졌는데 그것은 황금수레마차가 나를 길에서 좀 떨어져 있는 먼 곳에 나를 내려놓았다는 것이다. 그리고 거기서는 더 많은 천사들이 나를 기다리고 있었다.

주님은 나를 보자마자 너무 좋아하시면서 '내 딸, 내 딸' 하시면서 내 이마에 키스를 해주시고 또 나를 공중으로 던지셨다. 너무 좋아하시는 것이었다.

나도 좋아서 어쩔 줄을 몰랐다.

주님은 나를 다시 받으시고 또 나를 공중으로 던지시고 또 나를 받으시곤 하셨다. 주님도 나도 너무 좋아했다.

그리고 주님과 나는 구름 없이 위로 솟구쳐 날았다.

그리고 그 다음은 수평으로 날았다.

그렇게 날다보니 저어기 진초록의 뾰족한 지붕들이 보였다.

모세의 집이었다.

모세의 집은 진초록 색깔의 끝이 뾰족한 지붕들로 여러 개로 되어 있었고 벽은 고급스런 회색의 벽돌들로 되어 있었다.

모세의 집안에 들어섰는데 까만 테이블위에 아름다운 테이블보가 놓여 있었고 그 위에 푸른빛이 나는 유리그릇이 몇 개 놓여 있으면서 그곳에 마실 것이 담겨 있었다. 그 테이블은 아주 총천연색으로 고급스러워 보였다. 거실의 천정에는 크리스탈로 된 샹델리아가 위로부터 아래로 아름답게 내려와 있었고 저쪽 편에는 큰 까만색의 고급스런 긴 테이블이 놓여 있어 주님과 나, 그리고 모세가 거기 가서 앉았다.

모세는 황금지팡이를 갖고 있었고 얼굴이 약간 사각으로 약간 모가 난듯이 보이는 젊은 청년이었다. 키는 아담하고 준수한 얼굴이라 할 수 있다.

우리가 모세를 생각할 때에 수염이 긴 할아버지를 생각하는데 그것이 전혀 아니었다. 그렇게 테이블에 같이 앉은 것만 보고 나는 잠이 들어버렸다.

즉 전혀 모세와 대화 한마디 없이 내려온 것이다.

나는 천국에서 내려오고 나서 나는 왜 모세의 집이 독특하게 벽돌로 지어져 있는 것인가에 대한 의문이 생겼다.

왜냐하면 천국에서 벽돌로 지어진 집을 처음 보았기 때문이다.

'왜 모세의 집이 벽돌집일까?'

그러자 떠오르는 것이 있었다. 그 당시에 애굽에 있는 이스라엘 사람들은 바로의 종들로서 벽돌을 구우며 살아야 했다. 그것을 기념하는 의미였던 것 같았다.

그래서 모세의 집이 고급스런 회색의 벽돌로 지어져 있는 것이었다. 그 외에는 왜 그의 집이 벽돌로 되어 있는지에 대한 다른 특별한 이유를 찾아볼 수 없었다.

그러고 보니 천국에 있는 믿음의 선진들의 집들은 약간씩 그 의미가 있는 것 같았다.

예를 들어 요셉의 집은 바로의 궁처럼 생겼다.

왜냐하면 그가 애굽의 국무총리였기 때문일 것이다.

또 삭개오의 집은 모두가 다 금으로 되어 있었다. 마치 금으로 된 도시처럼...

왜냐하면 삭개오는 예수님을 만나기 전에 돈을 좋아했기 때문이었을 것이다. 물론 나중에 예수님을 만나고 나서 다 나누어 주었지만 말이다.

02

처음에는 모세와 대화가
잘 열리지 않았다.

(2014. 6. 7)

천국에 올라갔다.

두 명의 천사가 수레를 가지고 날 데리러 오고 두 명의 천사가 황금진주 대문 앞에서 문을 열어주고 내가 수레에서 내릴 때에는 다른 두 천사가 나를 수종하여 주님께로 나를 인도하였다. 그래서 내가 천국에 도착하여 주님께 인도함을 받기까지 총 여섯 명의 천사들이 나를 수종하게 되었다.

주님은 천국에 도착한 나를 데리고 모세의 집으로 가셨다.

주님과 나 그리고 모세는 집안의 저 안쪽에 있는 크고 고급스런 까만 테이블에 앉았다.

모세와 주님이 저편에 내가 이편에 앉았다.

그런데 모세가 나를 보고도 말을 하지 않는다.

나는 내가 그와 대화를 하려 하여도 무언가 절대로 열리지 않는

답답한 벽이 있는 것 같은 그러한 것이 막고 있어서 도저히 교감이 되지 않았다. 즉 천국에는 말을 하지 않아도 마음으로 서로에게 말할 수 있고 그 마음이 다 전달되는데 모세하고 나는 말로도 마음으로도 대화가 열리지 않았다. 그래서 모세와 나는 그냥 서로를 바라만 보고 있었다.

그래서 나는 한참동안 앉아 있어도 모세와 대화가 열리지 않아서 아니 도대체 교감이 안 되어서 나는 차라리 모세의 집이나 구경하자 하고 자리에서 일어나 저 안쪽으로 걸어 들어갔다.

저 안쪽으로 들어가니 이층으로 올라가는 계단이 있었는데 그것은 나선형으로 되어 있었다.

그리고 또 지하 아래로 내려가 보았는데 거기는 청동색의 대리석으로 바닥에 깔려 있었고 그 바닥은 아주 웅장하게 보였다.

나는 참으로 궁금하였다.

왜 모세와 내가 그렇게 아무 말 없이 이렇게 그냥 앉아만 있을까? 하는 것에 대하여 말이다. 주님은 내가 모세와 대화하는 것이 아직 이르다고 생각하시는 것일까?

그런데 모세와 대화는 안 열리는데 그냥 나의 생각으로 분명히 알아지는 것이 모세가 태어나기 전부터 하나님은 모세를 이 땅위에 내어 보내실 생각을 하셨다는 것이 알아진다.

이스라엘 민족이 애굽에 내려온지 430년 만에 해방되었으므로 그들이 해방될 때 모세의 나이는 80세였다. 그러므로 모세는 그들이 애굽에서 노예생활을 한지 350년 되었을 때에 태어난 것이다. 그리고 주님의 계획은 모세의 나이 50이 되었을 때에 이스라엘 백성을 애굽에서 해방할 생각이셨다. 왜냐하면 그 때가 정확히 하나님이 아브라함에게 약속하신, 그들이 종살이한 지 400년이 되는 해였기 때문이다.

그러나 30년이 더 늦어진 것이다.

하나님은 아브라함에게 그의 후손이 다른 나라에서 객이 되어 사백년 동안 종살이 하다가 즉 사대 만에 가나안에 돌아올 것을 약속하셨던 것이다.

[창 15:12-16]

(12)해질 때에 아브람이 깊이 잠든 중에 캄캄함이 임하므로 심히 두려워하더니 (13)여호와께서 아브람에게 이르시되 너는 정녕히 알라 네 자손이 이방에서 객이 되어 그들을 섬기겠고 그들은 사백년 동안 네 자손을 괴롭게 하리니 (14)그 섬기는 나라를 내가 징치할지며 그 후에 네 자손이 큰 재물을 이끌고 나오리라 (15)너는 장수하다가 평안히 조상에게로 돌아가 장사될 것이요 (16)네 자손은 사대만에 이 땅으로 돌아 오리니 이는 아모리 족속의 죄악이 아직 관영치 아니함이니라 하시더니

하나님의 계획은 400년 만에 그들을 해방시켜 가나안으로 인도하시는 것이었으나(그때 모세의 나이 50세) 그러나 하나님은 이스라엘 민족을 모세의 나이 80에 그들을 애굽으로 부터 해방시키신 것이다. 즉 이렇게 30년이 늦어진 것은 그 첫째 이유는 모세가 하

나님 보시기에 아직 만들어지지 아니하였고 또한 이스라엘 민족이 비록 노예생활이었으나 여기가 좋사오니 하고 거기를 떠나지 않기를 원하였으므로 결국은 하나님께서 그들의 보금자리를 흔들어서 그들이 하나님께 부르짖어 그들의 노예생활을 해방시켜 달라고 부르짖기까지 30년이 더 걸렸기 때문이다. 또한 하나님이 보시기에 모세가 아직 덜 만들어진 이유도 있었을 것이다.

[출 2:23-25]

(23)여러 해 후에 애굽왕은 죽었고 이스라엘 자손은 고역으로 인하여 탄식하며 부르짖으니 그 고역으로 인하여 부르짖는 소리가 하나님께 상달한지라 (24)하나님이 그 고통 소리를 들으시고 아브라함과 이삭과 야곱에게 세운 그 언약을 기억하사 (25)이스라엘 자손을 권념하셨더라

03
천국에서 모세를 낳은
요게벳을 만나다.

(2014. 6. 7)

천국에 올라갔다.

나를 데리러 온 천사 두 명, 황금진주 대문에 서 있는 두 명, 그리고 황금대로 옆에서 내가 마차에서 내릴 때에 나를 수종하는 천사 두 명 다 합하여 여섯 명의 천사가 통상 나를 수종한다.

나는 천국에 도착하여 주님과 함께 모세의 집으로 갔다.

모세의 집안에 있는 긴 테이블에 앉았는데 그 테이블 위에는 빵과 포도주가 우리 각자 앞에 놓여 있었고 우리는 그 빵과 포도주를 각자 마셨다. 느낌이 꼭 성만찬하는 기분이 들었다.

그런 후 주님이 말씀하신다.

"모세는 나의 동역자였단다."

나는 오늘 처음으로 모세와 교감이 되었다.

그 이전까지는 무슨 이유인지 모르지만 모세와 대화가 열리지 않

앉았다. 그 이전에는 우리는 그냥 대화 없이 서로 쳐다만 보고 있었다. 그런데 오늘은 모세와 대화가 열리는 날인 것이다.

'그 테이블 위에 놓여 있던 빵과 포도주가 성만찬하는 것이었나? 그러면 그 성만찬한 그것이 모세와 대화가 열리게 하는데 무슨 이유가 있는 것인가?'

우리가 모세의 집 테이블에 앉아 있는데 나를 응원하기 위하여 베드로가 왔다. 그는 기가 죽어 있는 나를 응원하기 위하여 왔다. 왜 내가 기가 죽어 있었는가? 그것은 내가 천국에서 모세를 여러 번 만났지만 그와 대화가 열리지 않았기 때문이다.

베드로는 와서 내 오른편 옆에 앉았다.

테이블의 우리 맞은편에는 모세와 주님이 앉아 있었다.

그리고 나서 또 한 사람, 요게벳이 도착하여 베드로 옆에 앉았다.

요게벳은 지상에서 모세를 낳은 모세의 어머니였다.

요게벳은 얼굴이 아주 동글동글하고 눈도 동글동글한 처녀의 얼굴이었다. 주여!

천국에서는 이렇게 아들이나 어머니나 예수님 한분 아버지를 모시고 산다. 젊은 나이의 같은 나이로 사는 것이다. 할렐루야.

요게벳이 말하기 시작하였다.

자기가 모세를 낳았을 때에 꿈을 꾸었는데 천사가 나타나서 모세를 강에 버리지 말라고 하는 지시를 받았다는 것이다. 그래서 그녀는 모세를 석 달 동안 숨겼다고 말했다.

[출 2:1-2]
(1)레위 족속중 한 사람이 가서 레위 여자에게 장가 들었더니 (2)그 여
자가 잉태하여 아들을 낳아 그 준수함을 보고 그를 석달을 숨겼더니

[히 11:23]
믿음으로 모세가 났을 때에 그 부모가 아름다운 아이임을 보고 석 달
동안 숨겨 임금의 명령을 무서워 아니하였으며

즉 요게벳은 믿음으로 그 아이를 석 달 동안 숨겼던 것이다. 주여!
그리고 석 달 후 다시 꿈에서 요게벳이 천사로부터 지시를 받았는
데 아이를 갈대 상자에 담아 역청을 칠하여 갈대밭에 갖다 두면 바
로의 공주가 목욕하러 나타나 그 아이의 울음소리를 듣고 히브리
인의 자식인줄 알면서도 자신의 아들로 삼아 키울 것을 가르쳐 주
었다는 것이다. 할렐루야.

그리고 그 때 그 공주가 아이를 젖 먹일 유모를 찾을 것이니 모세
의 누이 미리암을 시켜서 지켜보고 있게 하다가 젖먹일 유모를 구
하거든 요게벳에게 가라고 했다는 것이다. 요게벳은 이 모든 지시
를 꿈에서 천사로부터 받았다고 말했다. 할렐루야.
그래서 그렇게 모든 사건이 꾸민 것처럼 정확히 일어났구나가 알
아졌다. 할렐루야.

[출 2:3-10]

(3)더 숨길 수 없이 되매 그를 위하여 갈 상자를 가져다가 역청과 나무 진을 칠하고 아이를 거기 담아 하숫가 갈대 사이에 두고 (4)그 누이가 어떻게 되는 것을 알려고 멀리 섰더니 (5)바로의 딸이 목욕하러 하수로 내려오고 시녀들은 하숫가에 거닐 때에 그가 갈대 사이의 상자를 보고 시녀를 보내어 가져다가 (6)열고 그 아이를 보니 아이가 우는지라 그가 불쌍히 여겨 가로되 이는 히브리 사람의 아이로다 (7)그 누이가 바로의 딸에게 이르되 내가 가서 히브리 여인 중에서 유모를 불러다가 당신을 위하여 이 아이를 젖 먹이게 하리이까 (8)바로의 딸이 그에게 이르되 가라 그 소녀가 가서 아이의 어미를 불러오니 (9)바로의 딸이 그에게 이르되 이 아이를 데려다가 나를 위하여 젖을 먹이라 내가 그 삯을 주리라 여인이 아이를 데려다가 젖을 먹이더니 (10)그 아이가 자라매 바로의 딸에게로 데려가니 그의 아들이 되니라 그가 그 이름을 모세라 하여 가로되 이는 내가 그를 물에서 건져 내었음이라 하였더라.

그런데 이 상황은 주님이 이 세상에 오실 때의 상황과 매우 유사했음을 나에게 알게 하여 주셨다.

해롯왕이 동방으로부터 온 세 박사들로부터 예루살렘에 유대인의 왕이 태어났다는 말을 듣고 베들레헴에서 태어난 2세 이하 남자 아이들을 다 죽였다. 그러나 천사가 요셉의 꿈에 나타나 그 자리를 피하여 오던 길로 되돌아가지 말고 애굽으로 내려가라 하였고 그리고 내가 다시 부를 때까지 거기 있으라고 했던 것이다.

[마 2:13-15]

(13)저희가 떠난 후에 주의 사자가 요셉에게 현몽하여 가로되 헤롯이 아기를 찾아 죽이려하니 일어나 아기와 그의 모친을 데리고 애굽으로 피하여 내가 네게 이르기까지 거기 있으라 하시니 (14)요셉이 일어나서 밤에 아기와 그의 모친을 데리고 애굽으로 떠나가 (15)헤롯이 죽기까지 거기 있었으니 이는 주께서 선지자로 말씀하신 바 애굽에서 내 아들을 불렀다 함을 이루려 하심이니라

그런데 모세가 태어날 때에도 애굽의 바로왕은 히브리인의 사내 아이들이 태어나면 태어나자마자 다 강물에 던져 죽이게 하였다. 즉 그 당시에 여자아이가 나면 살리고 남자아이가 나면 강물에 던져 죽게 하였다. 그런데 하나님은 요게벳에게 꿈에 천사가 나타나게 하여 모세를 강에다가 버리지 못하게 하고 살리게 하신 것이다.

나는 이것이 어떤 연관성이 있다는 생각이 들었다.

그래서 주님이 처음에 나에게 '모세는 나의 동역자였다' 라고 하셨나?

그리고 모세는 또 나중에 나타나실 예수 그리스도를 보고 하나님께서 나 같은 선지자 하나를 일으키실 것을 예언하였다.

[신 18:15]

네 하나님 여호와께서 너의 중 네 형제 중에서 나와 같은 선지자 하나를 너를 위하여 일으키시리니 너희는 그를 들을지니라.

할렐루야.

[신 18:18]
내가 그들의 형제 중에 너와 같은 선지자 하나를 그들을 위하여 일으키고 내 말을 그 입에 두리니 내가 그에게 명하는 것을 그가 무리에게 다 고하리라.

그리고 요셉도 꿈으로 지시 받아서 아기 예수를 데리고 애굽으로 내려가서 그를 죽일려고 하는 자들이 다 죽기까지 기다렸다가 다시 꿈에 사자가 나타나서 그 아이를 죽일려고 하는 자들이 다 죽었으니 일어나서 가라 하는 천사의 지시를 받고 예수아기를 데리고 나사렛이라는 동네에 와서 살았던 것이다.
할렐루야.

[마 2:12-18]
(12)꿈에 헤롯에게로 돌아가지 말라 지시하심을 받아 다른 길로 고국에 돌아가니라 (13)저희가 떠난 후에 주의 사자가 요셉에게 현몽하여 가로되 헤롯이 아기를 찾아 죽이려하니 일어나 아기와 그의 모친을 데리고 애굽으로 피하여 내가 네게 이르기까지 거기 있으라 하시니 (14)요셉이 일어나서 밤에 아기와 그의 모친을 데리고 애굽으로 떠나가 (15)헤롯이 죽기까지 거기 있었으니 이는 주께서 선지자로 말씀하신 바 애굽에서 내 아들을 불렀다 함을 이루려 하심이니라 (16)이에 헤롯이 박사들에게 속은 줄을 알고 심히 노하여 사람을 보내어 베들레헴과 그 모든 지경

안에 있는 사내아이를 박사들에게 자세히 알아본 그 때를 표준하여 두 살부터 그 아래로 다 죽이니 (17)이에 선지자 예레미야로 말씀하신 바 (18)라마에서 슬퍼하며 크게 통곡하는 소리가 들리니 라헬이 그 자식을 위하여 애곡하는 것이라 그가 자식이 없으므로 위로 받기를 거절하였도 다 함이 이루어졌느니라.

04

하나님은 모세에게
천사를 통하여 말씀하셨다.

(2014. 6. 7)

천국에 올라갔다.

천국에 올라갈 때 수레를 가지고 온 천사 두 명, 천국 대문에 문을 열어주는 천사 두 명, 황금대로 옆에서 내가 마차에서 내릴 때에 나를 수종하는 천사 두 명 합하여 여섯 명의 천사들이 내가 천국에 올라가는 것을 수종한다.

천국에 도착하여 주님과 나는 모세의 집으로 갔다.

모세의 집에서 안쪽에 놓여 있는 긴 테이블에 앉았는데 모세의 집에 가면 이렇게 늘 같은 상황이 되풀이되었다.

테이블의 우리 맞은편에는 모세와 주님이 앉았는데 이번의 다른 점은 이편에 베드로가 먼저 그 다음 나 그리고 요게벳이 앉았다는 것이다. 즉 내가 베드로와 요게벳 사이에 앉았다.

주님이 먼저 말씀하셨다.

'내가 떨기나무에 내려갔다고....'

[출 3:2-10]

(2)여호와의 사자가 떨기나무 불꽃 가운데서 그에게 나타나시니라 그가 보니 떨기나무에 불이 붙었으나 사라지지 아니하는지라 (3)이에 가로되 내가 돌이켜 가서 이 큰 광경을 보리라 떨기나무가 어찌하여 타지 아니하는고 하는 동시에 (4)여호와께서 그가 보려고 돌이켜 오는 것을 보신지라 하나님이 떨기나무 가운데서 그를 불러 가라사대 모세야 모세야 하시매 그가 가로되 내가 여기 있나이다 (5)하나님이 가라사대 이리로 가까이 하지 말라 너의 선 곳은 거룩한 땅이니 네 발에서 신을 벗으라 (6)또 이르시되 나는 네 조상의 하나님이니 아브라함의 하나님, 이삭의 하나님, 야곱의 하나님이니라 모세가 하나님 뵈옵기를 두려워하여 얼굴을 가리우매 (7)여호와께서 가라사대 내가 애굽에 있는 내 백성의 고통을 정녕히 보고 그들이 그 간역자로 인하여 부르짖음을 듣고 그 우고를 알고 (8)내가 내려와서 그들을 애굽인의 손에서 건져내고 그들을 그 땅에서 인도하여 아름답고 광대한 땅, 젖과 꿀이 흐르는 땅 곧 가나안 족속, 헷 족속, 아모리 족속, 브리스 족속, 히위 족속, 여부스 족속의 지방에 이르려 하노라 (9)이제 이스라엘 자손의 부르짖음이 내게 달하고 애굽 사람이 그들을 괴롭게 하는 학대도 내가 보았으니 (10)이제 내가 너를 바로에게 보내어 너로 내 백성 이스라엘 자손을 애굽에서 인도하여 내게 하리라

실제로는 천사가 모세에게 나타났으나 이 천사는 하나님의 말씀

을 그대로 바로바로 전달하는 천사였던 것이다.

하나님은 모세를 다 보고 계셨다. 단지 천사를 통하여 모세에게 말하였을 뿐이라는 것이다.

그래서 주님은 이렇게 말씀하신다.

'내가 그 떨기나무에 내려갔다고……'

주여!

그런데 여기서 나의 질문은 어찌 모세의 나이 80세에 하나님이 그에게 나타나 사명을 주셨느냐 하는 것이다.

즉 너무나 오래 걸렸다. 그럼에도 불구하고 그 오랜 세월동안 침묵하시다가 드디어 모세는 40세에 미디안 광야로 와서 80세가 되어서야 하나님은 모세를 쓰시기 위하여 부르신다. 그 때가 되기까지 모세는 미디안 광야에서 40년을 하나님의 일을 한 것이 아니라 평범한 양을 치는 자로 지내야 했었다. 주님이 부르시기까지 말이다.

할렐루야.

우리도 마찬가지다. 우리 인간이 하나님의 일을 하는 것이 아닌 것을 알아야 한다. 우리는 단지 주님이 두신 그 자리에서 최선을 다하며 살고 있어야 하는 것이다. 모세처럼. 할렐루야.

하나님께서 우리에게 가라 하기까지 무엇을 하라 하시기까지 하나님의 명령이 떨어지기까지 삶에서 들리는 하나님의 음성에 충실하면서 말이다.

그러면 결국은 모세에게 나타난 하나님께서 우리에게도 나타나셔서 모세에게 소명(calling)을 주신 것처럼 우리에게도 소명을 주실 것이다. 우리는 단지 그분의 명령이 떨어지기까지 우리를 두신 그 자리에서 현재의 삶에 충실하면 되는 것이다.

할렐루야.

하나님의 일은 하나님이 하신다. 우리를 통하여.......
할렐루야!

05

모세가 나를 바라보고
대화는 하지 않고
해같이 웃고만 있다.

(2014. 6. 8)

천국에 올라갔다.

나를 수종하는 여섯 명의 천사들을 만났다. 두 명은 나를 데리러 왔고 두 명은 천국대문을 열어주었고 두 명은 내가 수레에서 내리는 것을 도와주었다.

오늘은 주님이 황금대로 길을 건너 오히려 수레가 도착하여 있는 쪽으로 나를 마중 나오셨다.

그리고 주님과 나는 모세의 집으로 갔다.

모세와 주님이 테이블 저편에 앉고 나는 테이블 이편에 앉았다. 모세가 나를 보고 전혀 말은 하지 않고 다만 해처럼 웃고만 있다. 왜 그럴까?

모세는 전혀 나에게 말을 하지 않았다. 그냥 쳐다보고만 있었다. 나는 이 묘한 상황을 도저히 그 이유를 알 수 없었다.

차라리 나를 보고 웃고 있지나 말지...... 왜 나를 보고 해같이 밝게 웃고 있으면서 나와 대화를 하지 않을까? 애가 탔다. 도대체 그 이유가 무엇인지를 모르겠다.

모세와 나 사이에 대화가 열리지 않게 하는 그 어떤 불가항력적인 힘이 있는 것 같았다.

이것을 내가 어떻게 표현할 수 있을까?

예를 들어서 내가 죄가 있을 때에 불러도 불러도 하나님이 전혀 만나주지 아니하는 것과 같은 것처럼 그러한 상황과 비슷했다. 모세와 내가 모세의 집에서 주님도 옆에 계신 상태에서 서로 마주보고만 있었지 전혀 대화가 일어나지 않았다.

나는 그렇게 그냥 마주보고 앉아 있다가 내려왔다.

내가 천국에서 다른 여러 명의 믿음의 선진들을 만나보았지만 이런 경우는 참으로 처음이었다.

06

주님이 모세에게
나를 울리지 말라고
당부하신다.

(2014. 6. 9)

보통 천국에 올라가기 전에 나는 철저한 회개의 기도를 통하여 내 마음을 정결케 하는, 성령이 인도하시는 기도를 약 2~3시간 정도 한다.

이러한 기도 후에 나는 천국에 올라갔다.

내가 기도를 하고 있는 중에 두 명의 천사가 나를 데리러 가기 위하여 황금마차를 가지고 왔다. 그리고 황금수레 마차는 즉시 천국에 도착하였는데 오늘은 나를 보통 수종하여 마차에서 내려주는 어른 두 천사 외에 사춘기 나이로 보이는 흰 날개가 달린 천사들이 여러 명이 더 있었다.

나에게 수레를 가지고 데리러 오는 천사들은 날개가 달리지 않았으나 그 외에 다른 모든 천사들은 다 두 날개들을 가지고 있었다. 그들 중에 수레와 가까이 있는 어린 천사 두 명이 내 손을 잡고 수레서 내리는 나를 수종하여 나를 주님 계신 곳으로 인도하였다. 그런데 이번에는 내가 발을 땅에 딛지 않고 그들이 나의 손을 잡고 날아서 나를 주님께로 인도하였다.

그러자 주님도 위로 뜨시더니 나를 공중에서 맞아 주시는 것이었다. 와우! 이런 경우도 있구나 하고 나는 놀라워했다.

그리하여 나는 처음으로 공중에서 주님을 맞이하였다.

아니 주님께서 나를 공중에서 맞아 주셨다. 할렐루야!

그리고 그 어린 두 천사는 나를 주님께 인도하고 어디론가 날아갔다.

내가 주님을 만났을 때에 내가 모세의 집을 가야겠다고 생각하고 있었는데 그 순간 주님과 나는 벌써 모세의 집에 와 있었다. 주님과 모세가 모세의 집 테이블 저편에 앉았고 나는 이편에 앉았다. 늘 그러하였듯이 말이다. 그리고 이번에도 또 모세와 대화가 열리지 않았다. 그래서 나는 이제는 절망하여 내 머리를 테이블에 쳐 박고 울고 싶었다.

왜? 모세와 대화가 터지지 않아서였다. 주여!

나의 이 모든 마음을 주님과 모세가 알고 있었으리라.......

천국에서는 상대방의 모든 마음의 상태가 다 드러난다.

그런데 나는 나중에 안 사실인데 모세와의 대화는 모세의 집에서 일어나는 것이 아니었다. 그와 대화가 열린 장소는 그의 집이 아니라 다른 장소였던 것이다.

아니 그래서 모세와 대화가 열리지 않았나?

모세와 또 대화가 열리지 않자 나는 내가 머리를 테이블에 쳐박고 울고 싶다고 생각하는 그 순간에 주님이 모세를 보고 '사라를 울리지 마라. 사라를 울리지 마라' 하고 주님이 모세에게 당부하신다.

그럼에도 불구하고 모세는 나와 대화하지 않았고 모세와 나는 그냥 서로 쳐다만 보고 있었다. 그러다가 내려와야 했다. 주여!

07

처음으로 주님과 나는
모세의 집이 아닌
모세의 궁으로 가다.

(2014. 6. 9)

두 번째 천국에 올라갔다.

나를 데리러 온 마차가 천국에 도착하였는데 보통 마차에서 내가 내리는데 나를 수종하는 두 천사 외에 또 여러 명의 소년 천사들이 있었다.

내가 수레에서 내릴 때에 주로 수레 바로 앞쪽에 있는 소년 천사들이 나를 수종하여 주님께로 인도하는 것이었다.

(나는 왜 이렇게 소년 천사들이 내가 모세를 만날 때에 나타나는가 하고 궁금했었는데 나중에 내가 생각하여 보건대 이 소년 천사들은 나를 특별히 모세의 궁으로 인도하기 위하여 나타나서 나를 환영하고 수종하였던 것 같다.)

나와 주님은 어느새 우리의 오른편 옆쪽으로 나타난 큰 궁전 앞 계단에 와 있었다.

이 계단은 아주 옆으로 길었는데 이러한 계단을 몇 개 올라가면 하나의 아주 넓은 계단이 나왔다. 그 넓은 계단을 쭉 걸어가면 다시 수십 개의 계단이 나타났는데 주님과 나는 그 수십 개의 계단을 어렵지 않게 쉽게 올라갔다.

그 계단들을 올라가니 거기에는 아주 넓은 광장 같은 곳이 나타났는데 그 광장 저 안쪽에는 의자로 된 보좌가 세 개 놓여 있었다. 중앙에 있는 의자는 훨씬 더 크고 허리 뒤를 받쳐주는 의자의 높이가 옆에 있는 두 의자보다 높았는데 이 의자는 주님이 앉는 의자였다. 이 세 의자들은 모두 황금으로 되어 있었고 그리고 그 주님의 보자 양옆으로는 높이가 좀 낮은 황금으로 된 의자가 하나씩 놓여 있었다.

주님이 주님의 보좌에 앉으시고 내가 그분의 오른편 의자에 앉고 모세가 그분의 왼편 의자에 앉았다.

나는 내가 생각하기를 '아니 내가 모세와 이야기를 해야 하는데 주님을 가운데 두고 이야기하려니 조금 어색하고 이상하다'고 생각하고 있는 그 때에 곧 우리 앞에는 앞뒤로 놓인 긴 직사각형 테이블이 놓여졌다.

천국은 이런 곳이다. 생각만 하여도 금방 생겨난다.

그 직사각형 테이블 머리에 주님이 앉으시고 나는 주님의 오른편에 앉고 모세는 주님의 왼편에 앉았다.

그리고는 모세와 나는 벌써 둘 다 성경을 펴고 있었다.

성경도 우리가 그 테이블에 앉자마자 그냥 테이블에 생겼다.

그런데 오늘은 여기까지였다.

즉 대화할 수 있는 자리는 분명히 펴졌는데 모세는 나와 대화를 열지 아니하였다.

나는 참으로 절망스러웠다. 모세와 대화가 열리지 아니하는 것에 대하여...

왜 대화가 안 일어날까? 왜 대화가 진행이 안 될까?

나는 애타하며 몹시 안타까워하면서 다시 내려올 수밖에 없었다. 주여!

그러나 나중에 알고 보니 모세의 집에서 이 궁의 광장으로 인도함을 받은 것만도 이날은 감사하여야 하는 날이었다. 왜냐하면 모세와의 대화가 나중에 여기서만 열렸기 때문이다.

할렐루야.

08

모세와 드디어 대화가 열려 모세에 대하여 궁금하였던 많은 것을 알게 되다.

(2014. 6. 10)

천국에 올라갔다.

두 명의 천사가 흰 말 두 마리가 끄는 황금마차를 가지고 왔고 나는 그 마차를 타고 천국입구 황금대문에 도착하였다.

마차바깥에서 나를 호위하는 천사가 그 황금대문 바깥에 있는 두 천사에게 호령하듯이 말했다.

"문을 열어라."

그러면 두 천사는 '사라님 도착했다' 하면서 문을 활짝 옆으로 열어주었다.

나는 여기서 왜 나를 수호하는 천사가 천국대문을 지키는 천사들에게 반말을 하는지 알 수 없다. 이들 사이에도 계급이 있는 것같이 보였다.

그러면 나를 태운 황금마차는 천국 안 황금대로 왼편으로 가서 즉시 멈추었다. 물론 나를 태운 황금마차 바깥에서는 평상시처럼 수레에서 내리는 나를 수종하는 두 천사가 마차 바깥에서 나를 기다리고 있었지만 이번에는 하늘에서 흰 날개 달린 두 천사가 저쪽에서 날아와서 마차에서 내리는 나를 한손씩 붙들고 주님께로 날아서 인도하여 주었다.

그렇게 나는 주님께로 인도함을 받았는데 주님은 이미 얇은 구름을 타고 계셨다. 이 구름은 공중에 떠 있는 것이 아니라 천국의 바닥에 내려앉아 있었고 내가 그 구름을 타자 주님은 그 구름을 타고 나를 데리고 어디론가 가고 계셨다. 할렐루야.

아하! 어디로 가시는가 보았더니 바로 어제 갔던 그 곳이었다.

그것은 어떤 궁 앞의 옆으로 아주 긴 계단이 몇 개가 있었고 그것을 올라가면 넓은 대리석 계단이 하나 나타나고 그곳을 걸어서 쭉 들어가면 또 다시 거기서부터 수십 개의 계단이 시작되는데 결국 그 계단들은 주님과 나를 넓은 궁전 안의 광장으로 인도하였다.

그곳은 아주 넓다. 그리고 앞쪽으로 의자가 세 개 놓여 있는데 가운데 큰 의자는 주님이 앉으시고 그의 오른편에 내가 앉았다. 이 세 의자는 우리가 올라온 계단 쪽을 바라보고 있었다.

그리고 주님의 왼편에는 모세가 황금지팡이를 가지고 나타나서 그곳에 앉았다.

가운데 계신 주님이 말씀하신다.

오른쪽과 왼쪽에 있는 나와 모세를 보고 하시는 말씀이

'내가 너희를 기뻐하노라' 라고 말씀하셨다.

할렐루야! 즉 주님은 내가 모세와 대화하는 것을 기뻐하시는 것이었다.

그리고서는 주님이 우리를 데리고 갈 곳이 있다하시면서 그 의자들 뒤쪽으로 또 쭉 대리석으로 된 넓은 궁전 안이 있는데 우리를 그리로 데리고 들어가셨다.

들어가시다가 갑자기 오른쪽으로 커브를 트셔서 어떤 하얀 방으로 우리를 인도하셨는데 그 방은 벽이고 천정이고 온통 하얀 색이었다. 방안의 모든 면이 다 하얀 색깔로 되어 있어 그 방은 아주 거룩한 방으로 느껴졌다. 너무 희고 깨끗하여 어떠한 조그만 더러움도 허용이 안 되는 그러한 방으로 우리를 인도하신 것이다.

나는 아직 여기가 어떤 곳인지 잘 모르겠다.

그러나 확실한 것은 주님이 모세와 나를 이 하얀 거룩한 방으로 인도하셨다는 것이다.

그리고 우리 앞에는 큰 직사각형의 테이블이 놓여 있었다.

거기에 주님이 테이블 머리에 좌정하시고 내가 테이블 오른편에 모세가 그 테이블 왼편에 앉았다.

그리고 또 우리 앞에는 이미 성경책이 펼쳐져 있었다.

내 앞에 그리고 모세 앞에 말이다. 할렐루야.

아니 그렇게 내가 모세에게 질문하려 했어도 대화가 오고가지 못하였었는데 이제는 대화가 일어나나보다 하고 생각을 하고 있는데 그 순간 내게 알아지는 것이 질문권이 나에게 있는 것이 아니라 오히려 모세에게 있다는 것이 알아졌다. 주여!

이것은 완전 반대였다. 내가 지금껏 믿음의 선진들을 만나면 내가 질문하였고 그리고 믿음의 선진들은 내게 대답만 하여 주었지 나에게 질문한 적이 없었다.

그런데 지금 나는 모세와 대화하는 면에 있어서 내게는 질문권이 없다는 것이 그냥 알아졌다.

모세와의 만남에서는 모세가 오히려 질문권을 가지고 나에게 질문하기 시작하는 것이었다. 주여!

나는 생각했다.

'아하 그러면 여태까지 대화가 일어나지 않은 이유가 항상 내가 먼저 모세에게 질문하려 하여서 그랬나? 그 이유였었나?'

어쨌든 모세가 나에게 질문을 하기 시작했다.

성경책을 펴놓고 말이다. 오 주여!

[i] 성경책의 내용은 다음과 같은 내용에 대한 것이었다.

즉 요게벳이 모세를 낳고 모양이 준수하여 강물에 버리지 않고 3개월 있다가 역청을 바른 갈대상자에 넣어서 하수가에 갖다놓고 그 누나 미리암을 시켜 지켜보게 하였는데 바로의 공주가 나타나 그 갈대상자의 아이를 보고 자신의 아들로 삼고 또 모세의 어머니 요게벳이 유모로 젖을 먹여 키우게 된 내용에 대하여 모세는 나에게 이렇게 묻는 것이었다.

이것을 읽을 때에 내 기분이 어떠했냐고 즉 나에게 어떤 생각이 들었냐고 물었다.

나는 거기서 순간적으로 알아지는 것이 이 질문은 하나님이 이 모든 것을 주관하셨고 그 모든 것을 컨트롤하셨다는 것을 알게 하기 위하여 나에게 묻는 질문이라는 것을 알 수 있었다.

즉 모세가 그렇게 질문할 때에 이러한 의미가 나에게 이미 전달되고 있었다.

할렐루야. 천국에서는 이렇게 그냥 알아진다.

우리는 마음으로 그 뜻이 다 전달된다.

내가 그렇다는 것을 알게 되자 주님은 정말 그렇다고 마음으로 고개를 끄떡이고 계셨다.

할렐루야.

[ii] 그리고 그 다음에는 모세는 자신이 바로의 궁에서 자라나서 나이 40이 되었을 때 자신의 민족들을 구경하러 나갔을 때에 애굽 사람과 이스라엘 사람이 싸우는 것을 보고 그가 애굽 사람을 쳐 죽인 사건으로 갔다.

그리고 이 사건에 대하여 모세가 나에게 이렇게 말하는 것을 알 수 있었다.

사람들은 이것이 모세의 혈기 때문에 그 애굽 사람을 쳐 죽인 사건으로 이해하지만 사실 그 사건 자체가 하나님으로부터 나온 것이라고 나에게 말하는 것을 알 수 있었다.

그런데 성경에는 이러한 것들이 군데군데 있다.

누가 무엇을 하는데 자신은 그것이 하나님으로부터 나온 것임을 잘 모르지만 그러나 사실은 그것이 하나님으로부터 비롯된 것인 것이 군데군데 기록되어 있다.

그 한 예로 성경에 기록된 다윗의 인구조사를 들 수 있다.

[삼하 24:1-3]

(1)여호와께서 다시 이스라엘을 향하여 진노하사 저희를 치시려고 다윗을 감동시키사 가서 이스라엘과 유다의 인구를 조사하라 하신지라 (2)왕이 이에 그 곁에 있는 군대 장관 요압에게 이르되 너는 이스라엘 모든 지파 가운데로 다니며 단에서부터 브엘세바까지 인구를 조사하여 그 도수를 내게 알게 하라 (3)요압이 왕께 고하되 이 백성은 얼마든지 왕의 하나님 여호와께서 백배나 더하게 하사 내 주 왕의 눈으로 보게 하시기를 원하나이다 그런데 내 주 왕은 어찌하여 이런 일을 기뻐하시나이까 하되

즉 여기서는 여호와께서 다윗을 감동시키사 인구조사를 하게 하셨는데 그 이유는 이스라엘을 치기 위함이라고 기록하고 있다. 즉 이 인구 조사가 하나님으로부터 나왔다는 것이다. 주여!

똑같은 사건을 두고 다른 곳에서는 이렇게 말한다.

[대상 21:1-2]

(1)사단이 일어나 이스라엘을 대적하고 다윗을 격동하여 이스라엘을 계수하게 하니라 (2)다윗이 요압과 백성의 두목에게 이르되 너희는 가서 브엘세바에서부터 단까지 이스라엘을 계수하고 돌아와서 내게 고하여 그 수효를 알게 하라

즉 사단이 다윗을 격동시켜서 그 인구조사를 하게 하였다는 것이다.

모세가 이스라엘 사람과 싸우는 애굽인을 쳐서 죽인 것은 역시 하나님이 그를 감동하사 그렇게 하게 하였고 또 한편으로는 사단이 그를 격동시켜서 그렇게 사람을 죽이게 하였던 것이다.

어찌 하였든 이 사건을 통하여 하나님은 모세를 미디안 광야로 보내실 수 있었다는 것이다.

이것이 하나님의 계획이었다는 것이다. 주여!

즉 하나님은 모세를 미디안 광야로 보내기 위하여 이 사건을 일으키신 것이다.

할렐루야. 아멘.

또한 이것은 하나님께서 요셉을 형들에 의하여 애굽에 종으로 팔리게 하신 것과 동일하다고 볼 수 있다. 그 모든 것이 하나님의 계획이었다.

아하! 그렇구나. 그래서 모세는 이 애굽인을 쳐서 죽인 사건이 자신으로부터 나온 것이 아니라 하나님으로부터 나왔다라고 나에게

말하여 준 것이다.

할렐루야. 충분히 이해가 간다.

[iii] 그 다음은 내가 울면서 모세에게 물었다.

왜 내가 울었냐면 모세가 그 애굽인을 쳐 죽인 사건 때문에 광야에서 40년을 보내야 했던 것이 너무 안됐다는 생각이 들었기 때문이다. 그래서 나의 영은 그가 참으로 불쌍했다고 생각하여 울고 있었다.

그리고 내 안에서는 모세에게 도대체 그 미디안 광야에서 뭘 하고 지냈냐고 묻고 있었고 또한 왕자로 궁에서 40년간 살던 자가 어떻게 아무것도 없는 광야에서 40년을 보낼 수 있었냐고 묻고 있었다. 주여!

그리고 그는 그 미디안 광야에서는 하나님을 잊었었는지 아니면 늘 생각하고 지냈는지 그것도 궁금하였다. 등등 내 속에서는 모세의 미디안 광야에서의 삶에 대하여 많은 질문이 일어나고 있었다.

여러 가지 질문이 내 안에서 일어나는 것을 알고서는 모세는 나에게 다음과 같이 알게 하여 주었다.

그는 미디안 광야의 40년 동안 자신은 철저히 낮아졌다고 했다. 그리고 그는 한 번도 광야 40년 동안 이스라엘의 하나님을 잊어본 적이 없다고 말했다. 할렐루야.

그리고 그는 하나님께서 아브라함에게 약속한대로 이스라엘 민족이 반드시 애굽에서 나와 하나님의 약속하신 말씀대로 가나안으로 들어갈 것을 믿었다고 말했다. 아멘.

[iv] 그러면 왜 하나님이 나타나서 이스라엘 민족을 애굽에서 구원하기 위하여 가라고 했을 때에 왜 못간다 하였나? 라고 물었다.
이 질문에 대하여 주님은 마음으로 이렇게 말씀하여 주셨다.

그 때 모세는 어떤 마음이었냐면 백부장이 자신의 하인의 병을 고쳐달라고 주님께 부탁하였을 때에 주님은 내가 가서 고쳐 주리라 하였을 때 백부장은 '주님 아닙니다. 감히 제가 어떻게 저 같은 존재가 주님께서 제 집에 들어오는 것을 감당하겠나이까? 도저히 못하겠나이다. 왜냐하면 주님은 너무나 크신 분이시기 때문입니다' 라는 심정이었다는 것이다.
이것은 정말로 모세가 이제는 낮아져 있음을 말한다.
또한 모세는 자신이 너무 낮아져 있어서 생각하기를 주님은 반드시 그 일을 이루시겠지만 자신이 아닌 다른 사람을 통하여 이루실 것으로 믿었다는 것이다. 즉 자신이 선택받을 줄을 몰랐다는 것이다. 자신이 합당하지 않았다는 것이다. 그 일을 감당하기에... 할렐루야.
모세는 정말 자신이 너무 낮아져 있어서 자신이 그 일을 감당할 인물이 못된다고 생각한 것이다. 할렐루야.

[v] 그러나 주님은 여기서 나에게 알려 주신 것이 또 하나 있다. 뭐냐면 주님은 모세를 미디안 광야에서 40년 동안 양을 치는 훈련

을 시킨 것은 훗날 모세를 대 이스라엘 민족 2백만 민족을 광야에서 40년을 지도하고 인도하기 위한 목자의 훈련을 시킨 것인데 그를 광야에서 양을 40년을 치고 돌보게 함으로 목자의 훈련을 시켰다는 것이다. 할렐루야.

할렐루야. 이 모든 것을 알게 하여 주신 주님을 찬양합니다.

모세가 이러한 목자의 훈련을 광야에서 40년을 받았기에 후에 이스라엘 민족이 하나님 앞에 금송아지를 만들어 그 송아지를 그들을 애굽에서 이끌어낸 신이라 하여 그 앞에 희생의 제사를 드리고 절하며 우상숭배 할 때에 하나님의 진노를 삶으로 말미암아 하나님께서는 그들을 멸하시고 모세를 통하여 다시 민족을 형성하겠다는 뜻을 모세에게 밝혔을 때에 모세는 하나님께 이렇게 기도하였다.

하나님께서 그들을 용서하지 아니하시려면 차라리 자신의 이름을 책에서 지워달라고 까지 기도하였던 것이다. 이것이 광야에서 길러진 목자의 마음이었던 것이다. 그는 하나님께서 이스라엘 민족을 용서하지 아니하시면 차라리 자신이 지옥을 가겠다고 말했다. 하나님은 이러한 목자의 심정으로 그들을 위하여 기도하는 모세의 기도를 들어 주신 것이다. 할렐루야.

즉 미디안 광야에서 40년은 모세로 하여금 이스라엘을 이끄는 목자의 훈련을 받게 한 것이다. 할렐루야.

물론 그는 또한 그 40년 동안 자신의 힘으로는 아무 것도 할 수 없다는 것을 깨달았고 또한 하나님이 쓰시기에 알맞게 철저히 낮아진 것이다.

주여!

우리도 마찬가지이다. 우리가 영혼들을 이끄는 지도자가 되고 인도자가 된다는 것은 양을 치는 것과 같이 진정한 목자가 되어야 한다는 것을 다시 한 번 모세의 삶을 통하여 깨닫게 하여 주신 것이다.

할렐루야.

양을 치는 목자는 양을 버리고 도망하는 자가 아니라 끝까지 그 양들을 지키고 보호하는 자가 목자라는 것을 알게 하여 주셨다. 모세와 같이 자신의 목숨을 버리기까지 말이다. 자신이 지옥에 들어가는 한이 있더라도 그는 금송아지를 만들어 하나님 앞에 죄를 지은 이스라엘 민족을 용서하여 달라고 모세는 하나님께 중보기도를 드린 것이다. 할렐루야.

[요 10:11-15]

(11)나는 선한 목자라 선한 목자는 양들을 위하여 목숨을 버리거니와 (12)삯군은 목자도 아니요 양도 제 양이 아니라 이리가 오는 것을 보면 양을 버리고 달아나나니 이리가 양을 늑탈하고 또 헤치느니라 (13)달아나는 것은 저가 삯군인 까닭에 양을 돌아보지 아니함이나 (14)나는 선한 목자라 내가 내 양을 알고 양도 나를 아는 것이 (15)아버지께서 나를 아시고 내가 아버지를 아는 것 같으니 나는 양을 위하여 목숨을 버리노라

아멘. 할렐루야.

주님! 모세를 통하여 진정한 목자가 어떤 자인지 다시 한 번 가르쳐 주심을 감사하나이다.

그래서 주님은 모세로 하여금 그의 혈기 때문에 애굽 사람을 죽이게 한 다음 하나님은 그를 목자로 훈련시키기 위하여 미디안 광야로 보내실 수밖에 없었던 것이다.

주여!

계획하시고 이루시는 하나님을 찬양합니다. 할렐루야.

[vi] 그 다음 나는 모세가 이스라엘 민족에게 보내어지기 전에 그들에게 가서 보여주라고 한 세 가지 이적에 대하여 물었다.

'주님, 모세의 지팡이가 뱀으로 변하였고 또 그 다음 다시 지팡이로 변한 것은 무엇을 의미하는 것이었습니까?' 하고 물었다.

그것은 모든 것을 주님이 주관하신다는 것을 의미하신다 하셨다. 할렐루야.

즉 모든 것이 주님의 뜻대로 돌아가는 것을 의미한다고 하신 것이다. 주여!

두 번째 나는 또 물었다. '모세가 손을 품안에 넣으면 문둥병이 생겼다가 다시 그 손을 품안에 넣으면 나은 것은 무엇을 의미합니까?' 라고 물었다.

그랬더니 주님이 내게 그 이유를 알게 하여 주신다.

즉 우리의 모든 영적인 질병과 육적인 질병은 오직 주님만이 우리를 낫게 하여 주실 수 있는 분이라는 것을 알게 하기 위함이라는 것이다.

할렐루야.

그 다음 세 번째로 나는 질문하였다.

'그러면 하수의 물을 떠다가 땅에 부으면 그 물이 피로 변한 것은 무엇을 의미합니까?'

물은 생명을 의미하며 그리고 그 물이 피로 변한 것은 장차 오실 예수 그리스도의 피를 말한다는 것이었다.

즉 피에는 생명이 있고 또한 우리가 예수 그리스도의 피로 말미암아 우리에게 생명이 있을 것을 말씀하신다 하였다.

할렐루야.

09

천국에서 훗날에 나에게 주어질 여러 종류의 면류관들을 보다.

(2014. 6. 10)

천국에 올라갔다.

황금마차 수레를 가지고 나를 데리러 온 천사 중에 마차 바깥에서 나를 수호하는 천사가 천국의 황금으로 장식된 진주문에 이르자 '대문을 열어라' 라고 말한다. 이 대문에는 두 날개 달린 천사가 두 명이 지키고 있다가 이 소리에 그 천사들은 '사라님 왔다' 라고 크게 외치면서 황금으로 장식된 진주문을 활짝 옆으로 열어주었다.

그리고 나를 태운 황금보석수레 마차는 천국문 안에 황금대로 옆에 도착하였다. 그리고 내가 그 마차에서 내리는데 오늘은 그 마차가 땅에 닿지 않고 공중에 떠서 멈추었다.

보통 천국 안에서 나를 기다리며 마차에서 내리는 나를 수종하는 두 천사가 있는데 이 두 천사가 오늘은 날아와서 나의 두 손을 한 손씩 잡고 나를 주님께로 인도하였고 주님께서도 오늘은 공중에서 구름을 타신 채로 나를 기다리고 계셨다.

주님은 나를 인도하여 모세를 만나러 먼저 갔던 궁으로 가셨다.그리고 광장에 놓여 있는 테이블에 주님이 앉으시고 나는 그분의 오른편에 그리고 모세는 주님의 왼편에 자리를 잡았는데 우리는 이미 각자 성경책을 펴고 있었다.

그러자 요셉이 왔다. 요셉이 와서 모세의 오른쪽 옆에 주님 쪽으로 앉았다. 나는 내 앞에서 거의 나이가 비슷하게 보이는 젊은 두 청년을 보면서 참으로 놀랍다는 생각을 했다.

오 마이 갓!

요셉과 모세, 사실 그들은 지상에서 거의 400년 이상 차이가 나는 각각 다른 시대에 살다가 죽었다. 즉 요셉이 모세보다 약 400년 전에 이 땅위에서 살다가 갔다.

그런데 나는 지금 천국에서 거의 나이가 같아 보이는 믿음의 조상인 두 젊은 청년들을 내 눈앞에서 보고 있는 것이다. 참으로 신기했다. 그들이 이 세상에 살았을 때에는 400년 이상의 나이차이가 날 터인데 말이다. 그런데 이런 곳이 바로 천국이다.

할렐루야!

주님은 요셉과 모세에게 이렇게 말씀하셨다.

'사라에게 성경을 말할 때에 성경은 나 예수에 대하여 쓰여져 있으므로 어떠한 성경구절을 말하더라도 나에 대하여 사라에게 말하라' 라고 당부하셨다.

그렇다. 즉 우리는 성경구절 어떤 구절에서도 예수님을 볼 수 있다. 예수님을 만날 수 있다. 주님은 그들이 나에게 성경을 말할 때에 그것을 말하라는 것이었다.

할렐루야.

그런 후 나는 요셉에게 물었다.

오늘 천국지옥 간증집회에서 요셉에 대하여 말하였는데 내가 잘했냐고 물었다. 그리하였더니 요셉이 잘했다고 했다.

그런 후에 갑자기 내 눈에는 자주색 진주가 박힌 아름다운 백금 면류관이 보였다. 그리고 그 옆에는 또한 연두색과 노란색이 어우러진 아름다운 면류관이 보이고 또 그 다음에는 큰 다이아몬드가 박힌 금 면류관이 보이고 또 다른 장식의 아름다운 면류관들이 보였다.

아니 내가 무슨 면류관 공장에 왔나 할 정도로 우리가 앉은 테이블 위에 제각기 아름다움을 자랑하는 여러 개의 면류관이 약 6-7개가 테이블 위에 놓여 있었다.

그리고순간적으로 내게 알아지는 것이 그 모든 면류관을 내가 받을 것이라는 것이었다. 오 마이 갓!

내가 저 모든 면류관을 다 받게 된다니........

놀라지 아니할 수 없었다.

그런 중에 모세가 그 중에서 왕권을 가진 자들이 쓰는 면류관을 하나 집어서 나에게 씌워주는 것이었다. 주여!

그 이유는 오늘 내가 천국과 지옥간증을 했기 때문이라는 것이다. 이 왕권은 내가 천국에 올라오면 가지게 되는데 주님은 이전에 내가 천국과 지옥간증을 함으로써 천국에서 왕권을 가지게 될 것을 이미 이전에 말씀하여 주셨다. 할렐루야! 아멘.

10

왕권을 가진 자들이
파티를 여는 곳으로 가다.

(2014. 6. 10)

천국에 올라갔다.

즉 수레가 공중에 나를 내려주어서 내가 공중에서 주님을 만나게
되었다. 천국에는 무엇이든지 가능하다.

나의 모습은 파티복같은 챠름한 드레스를 입고 있었고 내 머리는
제법 길어져서 등에까지 내려온 것이 보였다. 그리고 나의 머리에
는 늘 쓰는 다이아몬드 면류관을 쓰고 있었다.

주님과 나는 곧장 파티장으로 갔다. 그곳에는 왕권을 가진 자들
이 파티를 여는 곳이었다.

그곳에서는 지금 나를 위한 파티가 열리고 있었다. 주여!

왜냐하면 내가 지금 천국과 지옥 간증집회를 하고 있었기 때문이
다. 철저한 회개기도 후에 사람들을 천국지옥을 보도록 선포하고
나서 나도 천국에 올라온 것이다.

이 파티장에는 중앙에 크지만 키는 낮은 분수대가 있어서 거기서 생명수 물이 콸콸 솟아 올라와서 분수대 사방으로 퍼져 내려오고 있었다. 그 큰 분수대 주위에는 사람들이 모여서 컵에 담긴 두세 개의 앵두같이 생긴 것들을 먹고 있었다.

거기에는 다윗이 보였고, 또한 베드로가 보였고, 모세와 마리아도 있었다. 그리고 솔로몬도 있었다. 나는 어찌 솔로몬이 여기 있을 수 있는가 하고 의문이 있었으나 나는 그도 왕권을 가지고 있다는 것을 알 수 있었다. 주여!

오늘따라 주님의 얼굴이 자세히 보인다. 그분의 가슴에 하트 모양이 보였다. 그리고 주님이 무리들에게 말씀하신다.

"오늘 내 딸이 나에 대하여 증거하였다."

그랬더니 거기 있는 사람들이 나를 바라보면서 환호를 보냈다.

그리고서는 주님과 나는 다시 그곳을 나왔고 천국 입구에 와서 나는 다시 황금수레 마차를 타고 지상으로 내려왔다.

그 때에 바깥에서 수호하는 천사가 나에게 말했다.

"주인님, 다시 오실 때까지 기다리겠습니다."

천국에서 내려올 때에 나는 내가 다시 황금마차 수레를 타고 내려오는 것을 오늘 처음 보았다. 나는 매일 그냥 내려오는 줄 알았는데 내려올 때에도 이렇게 수레를 타고 내려온다는 것을 정확히 오늘 나에게 보여 주셨다.

그리고 나는 수레 바깥에서 수호하는 천사가 그렇게 말하는 것도 처음 보았다.

주님, 감사합니다!

⑪ 떨기나무에 나타나신 하나님

(2014. 6. 12)

천국에 올라갔다.

수레를 가지고 와서 나를 태워가는 수호하는 천사들이 나를 데리고 천국입구에 도착하였다.

바깥에서 나를 수호하는 천사가 천국입구 대문에 있는 흰 날개 달린 두 천사에게 말한다.

'문을 여시오' 하고 아주 단호하게 말한다.

그러면 그 대문입구에 있는 두 천사는 '사라님 오셨다.' 하면서 크고 즐거운 목소리를 내면서 아주 빠르게 문을 활짝 옆으로 열어준다. 그러면 수레는 황금대로의 왼편에 도착한다. 흰 날개 달린 두 천사가 또 나를 기다리고 있다가 내가 수레에서 내리면 내 손을 한쪽씩 잡고서 나를 주께로 인도한다.

오늘은 주님의 옷이 유난히 희게 보였다.

아니 올라올 때 천사들의 옷도 유난히 오늘따라 더 거룩하고 더 희게 보였다. 그래서 나는 오늘 무슨 특별한 일이 일어날 것 같은 기대가 내 마음에 생겼다.

주님이 나를 맞아주시자 마자 벌써 주님과 내 앞에는 계단이 보였다. 이 계단은 며칠 전부터 나를 모세가 있는 특별한 궁으로 인도하는 계단이다.

그 궁 안에는 넓은 광장이 있는데 여기에 나와 모세가 성경 이야기를 나누는 테이블이 놓여 있다. 주님은 나를 그곳으로 인도하시기를 원했다.

나는 아직도 왜 모세의 집에서는 모세와 대화가 열리지 않았고 이쪽 궁에 와서야 그와 대화가 열리고 있는지를 모른다.

주님과 나는 벌써 우리 앞에 놓인 계단 몇 개를 올라갔다. 그리고 하나의 넓은 계단이 나타나는데 이 계단을 앞으로 쭉 걸어가면 다시 수십 개의 계단이 시작된다.

이 한 계단 한 계단은 그 옆으로의 길이가 무척 길다. 이 계단의 옆으로의 길이는 이 궁이 얼마나 큰지를 말하고 있었다.

우리가 그 계단을 다 올라가자마자 아주 넓은 광장이 나타났다.

오늘은 그 광장 옆 벽쪽으로 흰 날개 달린 천사들이 5-6명씩 양쪽으로 나열하여 서 있다. 그 천사들은 양쪽 벽에 서서 주님과 나를 환영하여 주었다.

와우! 오늘은 웬일로 이렇게 천사들이 양쪽 벽쪽에 서 있지? 하고 나는 참으로 궁금해 하였다.

하여간 오늘은 조금 모든 것이 특별났다!

그리고 저 안쪽의 궁전에서 광장 우리 쪽으로 흰 옷 입은 아이들이 뛰어나와서 주님과 나를 맞아 주었다. 그중에는 하프를 타는 아이도 있었다. 그리고 그들은 잠깐 우리를 즐겁게 맞아 주고는 사라졌다.

나는 오늘 이러한 상황들이 매우 특별하다고 느껴졌다.

즉 오늘 나를 수호하는 천사들의 옷이 매우 희게 보인 것, 주님의 옷이 유난히 희게 보인 것,

두 번째는 궁의 광장의 양벽쪽으로 5-6명의 천사들이 서서 우리를 맞아주는 것,

세 번째는 이렇게 흰 옷 입은 어린 아이들이 궁 안쪽으로부터 나타나서 우리를 맞아주는 것.

그리고 저번에도 이야기 하였지만 이 광장 안쪽으로 의자가 세 개가 놓여 있는데 가운데 있는 주님의 의자는 조금 더 높고 큰 의자이고 그 양쪽으로 의자가 하나씩 놓여 있다.

주님이 가운데 앉으시면 내가 그의 오른편에 모세가 그의 왼편에 앉은 적이 있었다.

그리고 그 의자 뒤로는 궁 안으로 들어가는데 궁전의 기둥들이 양쪽으로 쭉 늘어서 있다. 그 오른편에 있는 한 희고 거룩한 방으로 주님과 나 그리고 모세가 들어가서 거기서 테이블을 놓고 이야

기한 적이 있었는데 그 방은 무척 거룩하고 또 거룩한 방으로 방 온 사방이 온통 흰색이었다.

그런데 오늘은 우리가 희고 거룩한 그 방으로 들어가는 것이 아니라 그 세 의자 앞으로 놓인 전후로 길게 놓인 직사각형의 긴 대리석 테이블에 앉았다.

주님이 테이블 머리에 좌정하시고 내가 테이블 오른편에 모세가 테이블 왼편에 앉았다.

모세는 황금지팡이를 가지고 나타났는데 그 지팡이를 자신의 옆자리에 놓았다. 그리고 테이블 위에는 성경책이 벌써 펼쳐져 있었다.

모세가 테이블을 가로질러 자기의 한 손을 내밀어 내 한 손을 잡아 주었다. 이것은 모세가 나보고 잘해보자는 의미로 나를 격려하는 것을 알 수 있었다.

나는 어디를 물을까 하고 성경의 갈피를 넘기고 있었는데 사실 나는 어디를 물어야 할지를 몰랐다. 그래서 모세에게 어느 구절을 가지고 이야기할 것인지 모세 자신이 정하라고 나는 마음으로 모세에게 메시지를 보냈다.

그러자 모세가 마음으로 내게 말한다.

미디안 광야 쪽을 보자고 했다.

아니 미디안 광야 그것은 어저께 이야기한 것 같은데 또 이야기하자고? 그러나 나는 모세가 가자 하니 나도 미디안 광야 쪽으로 갔다. 그랬더니 나에게 저절로 의문이 생겨났다.

모세가 광야에서 떨기나무에 불이 붙었는데도 그 떨기나무가 불에 타지 아니하는 것을 보고 그것을 자세히 보려고 다시 그 떨기나무로 나아갔다라고 성경은 적고 있다.

[출 3:2-5]

(2)여호와의 사자가 떨기나무 불꽃 가운데서 그에게 나타나시니라 그가 보니 떨기나무에 불이 붙었으나 사라지지 아니하는지라 (3)이에 가로되 내가 돌이켜 가서 이 큰 광경을 보리라 떨기나무가 어찌하여 타지 아니하는고 하는 동시에 (4)여호와께서 그가 보려고 돌이켜 오는 것을 보신지라 하나님이 떨기나무 가운데서 그를 불러 가라사대 모세야 모세야 하시매 그가 가로되 내가 여기 있나이다 (5)하나님이 가라사대 이리로 가까이 하지 말라 너의 선 곳은 거룩한 땅이니 네 발에서 신을 벗으라.

[ⅰ] 나는 도대체 그 불이 어떤 불이기에 떨기나무에 붙었는데도 그 떨기나무가 타지 아니하였는가 하는 질문을 가졌다.

나에게 이러한 의문이 생기자 그 대답을 주님과 모세는 내 마음으로 알게 하신다.

즉 그 불은 진짜 불이라기보다는 하나님의 영광이 떨기나무에 임하여 그 하나님의 영광이 그렇게 불로 보여졌다는 것이다.

할렐루야!

그리고 나는 주님으로부터 이 불이 진짜 불이 아니라 하나님의 영광이 불같이 나타난 것이라는 말씀을 듣고 나서 한참 이후에야 성경에서 여호와의 영광이 맹렬한 불같이 보였다는 다음과 같은 말씀을 발견하였다.

[출 24:15-18]
(15)모세가 산에 오르매 구름이 산을 가리며 (16)여호와의 영광이 시내산 위에 머무르고 구름이 육일 동안 산을 가리더니 제 칠일에 여호와께서 구름 가운데서 모세를 부르시니라 (17)산 위의 여호와의 영광이 이스라엘 자손의 눈에 맹렬한 불 같이 보였고 (18)모세는 구름 속으로 들어가서 산 위에 올랐으며 사십일 사십야를 산에 있으니라.

즉 여호와의 영광이 이스라엘 자손의 눈에 맹렬한 불같이 보였다는 말이 있다. 그러므로 우리는 하나님의 영광이 우리 눈에는 불로 보이기도 한다는 것이다.
할렐루야. 아멘.

[ii] 그리고 나서 모세는 그 떨기나무 가운데서 나오는 하나님의 음성을 들었다.
나는 또 이 음성이 구체적으로 어떤 음성인지 매우 궁금하였다.

[출 3:4-10]
(4)여호와께서 그가 보려고 돌이켜 오는 것을 보신지라 하나님이 떨기나무 가운데서 그를 불러 가라사대 모세야 모세야 하시매 그가 가로되

내가 여기 있나이다 (5)하나님이 가라사대 이리로 가까이 하지 말라 너의 선 곳은 거룩한 땅이니 네 발에서 신을 벗으라 (6)또 이르시되 나는 네 조상의 하나님이니 아브라함의 하나님, 이삭의 하나님, 야곱의 하나님이니라 모세가 하나님 뵈옵기를 두려워하여 얼굴을 가리우매 (7)여호와께서 가라사대 내가 애굽에 있는 내 백성의 고통을 정녕히 보고 그들이 그 간역자로 인하여 부르짖음을 듣고 그 우고를 알고 (8)내가 내려와서 그들을 애굽인의 손에서 건져내고 그들을 그 땅에서 인도하여 아름답고 광대한 땅, 젖과 꿀이 흐르는 땅 곧 가나안 족속, 헷 족속, 아모리 족속, 브리스 족속, 히위 족속, 여부스 족속의 지방에 이르려 하노라 (9)이제 이스라엘 자손의 부르짖음이 내게 달하고 애굽 사람이 그들을 괴롭게 하는 학대도 내가 보았으니 (10)이제 내가 너를 바로에게 보내어 너로 내 백성 이스라엘 자손을 애굽에서 인도하여 내게 하리라.

모세는 하나님을 대면하여 말하던 자라 했다.

성경을 보면 모세는 참으로 이렇게 길게 하나님과 대화했다.

그것이 어떻게 일어났는가? 어떤 목소리였는가? 나는 이것이 참으로 궁금하였다.

그런데 이것에 대하여 주님은 내게 생각으로 알게 하여 주신다.

즉 이 하나님의 음성은 바로 내가 18년 전에 하나님의 음성을 들을 때와 같은 음성이라는 것이다. 오 주여!

나는 18년 전에 하나님의 음성을 들었다. 그런데 우리 피조물은 하나님 곧, 전능자의 음성을 들으면 즉시 그 음성이 하나님의 음성이라는 것을 알게 된다.

예를 들어 사도 바울이 바울이 되기 전 이름이 사울일 때에 다메섹 도상에서 주님의 음성을 들었을 때이다. 그 음성이 하나님의 음성이었다.

그런데 그 때에 내가 하나님의 음성을 들을 때에 그 하나님의 소리가 내 안에서 나는 소리인지 밖에서 나는 소리인지를 몰랐다. 다만 내가 느끼는 것은 그분이 내 눈에는 보이지 아니하였으나 음성만 들리는데, 그곳에는 온통 그분과 나밖에 없었고 그분의 음성은 내 안과 밖이 통일된 상태에서 들리는 것처럼 들려왔다. 그것도 아주 분명히 똑똑하게 말이다.

이러한 음성은 바로 내가 어떤 분과 딱 마주 앉아서 얼굴은 서로 가려놓고 즉 black curtain이 있어서 서로의 얼굴은 못 보지만 목소리로 서로 명확하게 대화하는 것과 같다 라고 하면 된다. 그만큼 명백히 들린다.

그런데 그 때 하나님은 내게 영어로 말씀하셨다.
"If you die you will come to Heaven."

그래서 나는 말했다. 나는 한국말로 말했다.
"네 하나님 나는 예수 그리스도를 믿기 때문에 천국갑니다" 라고.

그랬더니 하나님은 다시 나에게 영어로 말씀하시는 것이었다.

"If you come to Heaven I have only one question for you."

하나님은 내가 천국 올라오면 한 가지 질문만 하겠다는 것이다.

그래서 나도 이때는 영어로 'What?' 하고 물은 것이다.

그랬더니 하나님은 다시 영어로 나에게 말씀하신다.

"What did you do for me in this life?"

나는 그 물음에 대답을 생각하여야 했다.

나는 이렇게 하나님과 대화가 일어났다.

마찬가지라는 것이다. 모세도 이렇게 대화하였다는 것이다.

할렐루야. 이제야 나는 하나님과 모세와의 그 대화의 성격 혹은 그 특성을 알 수 있었다. 아멘.

나는 그렇게 하나님과 대화한 후에 나는 완전히 다른 사람으로 변하여 버렸다. 인간이 전능하신 하나님과 대화한 후에는 완전히 사람이 바뀌지 아니할 수가 없는 것이다.

마찬가지라는 것이다.

사도 바울도 다메섹도상에서 예수님의 음성을 듣고 완전히 변하여 버렸다. 즉 모세가 이렇게 하나님과 대화한 것이 바울이 다메섹 도상에서 주님과 대화한 것과 내가 하나님과 대화하였던 그것과 그 대화의 특성이 동일하다는 것이다.

그런데 사도 바울과 나의 경우는 하나님으로부터 몇 마디 들었으나 모세는 이렇게 하나님과 길게 대화하였다는 것이 다른 것이다.

할렐루야.

그런데 그 하나님의 음성은 피조물인 우리 인간에게는 대단한 위력을 보인다.

사도 바울과 나는 하나님의 음성을 그렇게 들은 이후로 그 인생이 180도로 변하여 버린 것이다.

[행 9:1-9]

(1)사울이 주의 제자들을 대하여 여전히 위협과 살기가 등등하여 대제사장에게 가서 (2)다메섹 여러 회당에 갈 공문을 청하니 이는 만일 그 도를 좇는 사람을 만나면 무론남녀하고 결박하여 예루살렘으로 잡아 오려 함이라 (3)사울이 행하여 다메섹에 가까이 가더니 홀연히 하늘로서 빛이 저를 둘러 비추는지라 (4)땅에 엎드러져 들으매 소리 있어 가라사대 사울아 사울아 네가 어찌하여 나를 핍박하느냐 하시거늘 (5)대답하되 주여 뉘시오니이까 가라사대 나는 네가 핍박하는 예수라 (6)네가 일어나 성으로 들어가라 행할 것을 네게 이를 자가 있느니라 하시니 (7)같이 가던 사람들은 소리만 듣고 아무도 보지 못하여 말을 못하고 섰더라 (8)사울이 땅에서 일어나 눈은 떴으나 아무 것도 보지 못하고 사람의 손에 끌려 다메섹으로 들어가서 (9)사흘 동안을 보지 못하고 식음을 전폐하니라.

[행 9:17-22]

(17)아나니아가 떠나 그 집에 들어가서 그에게 안수하여 가로되 형제 사울아 주 곧 네가 오는 길에서 나타나시던 예수께서 나를 보내어 너로

다시 보게 하시고 성령으로 충만하게 하신다 하니 (18)즉시 사울의 눈에서 비늘 같은 것이 벗어져 다시 보게 된지라 일어나 세례를 받고 (19)음식을 먹으매 강건하여지니라 사울이 다메섹에 있는 제자들과 함께 며칠 있을새 (20)즉시로 각 회당에서 예수의 하나님의 아들이심을 전파하니 (21)듣는 사람이 다 놀라 말하되 이 사람이 예루살렘에서 이 이름 부르는 사람을 잔해하던 자가 아니냐 여기 온 것도 저희를 결박하여 대제사장들에게 끌어 가고자 함이 아니냐 하더라 (22)사울은 힘을 더 얻어 예수를 그리스도라 증명하여 다메섹에 사는 유대인들을 굴복시키니라.

모세도 마찬가지였을 것이다. 그 전능한 힘에 그도 어쩔 수 없이 끌려갔을 것임에 틀림이 없다.

그렇게 능력이 있는 하나님의 말씀을 우리는 짧게, 그러나 모세는 길게 들었다는 것이 다르다.

할렐루야.

주여! 주님과 모세와의 그 대화의 성격이 어떠한 것인지 깨닫게 하여 주시고 알게 하여 주시는 하나님을 찬양합니다.

할렐루야.

모세의 하나님이 바로 우리의 하나님이신 것이다.

⬡12

하나님이 길의 숙소에서
모세를 죽이려 하였던
이유를 밝혀주시다.

(2014. 6. 13)

천국에 올라갔다. 이제는 나를 수종하는 천사들이 아예 여섯 명이다. 수레를 가지고 나를 마중 나오는 두 천사, 이들은 날개가 없는 천사들이다. 그리고 황금진주대문에 서 있는 두 천사, 이들은 두 날개를 가졌다. 나를 마차에서부터 주님께로 인도하는 두 천사들이 있다.

나를 태운 마차가 천국에 도착하니 흰 옷 입은 사람들이 나를 맞아 주었다. 그리고 그들은 내가 주님께로 갈 수 있도록 길을 내어주었고 흰 날개 달린 두 천사들은 마차에서 내리는 나를 주님께로 인도하였다.

내 두 눈에는 눈물이 흐르고 있었다.
주님께 부끄럽고 죄송하고 해서……

하나님의 뜻대로 잘 살아 드리지 못하는 나 자신이 부끄럽고 또한 주님에 대한 그리움 때문에 너무 주님이 보고 싶어서 울고 있었다.

나는 늘 그러하듯이 머리에 다이아몬드 면류관을 쓰고 흰 드레스를 입고 긴 머리를 하고 주님을 맞으러 갔다. 꼭 신부가 신랑을 맞으러 가듯이.......

주님이 천사들로부터 내 손을 건네받으시면서

"내 딸아 내 신부야" 하시면서 내 볼에다가 입을 맞추어 주셨다.

그리고 우리는 우리 옆쪽에 있는 계단으로 올라갔다.

몇 개의 계단을 오르니 넓은 계단이 하나 나타났다. 우리는 거기를 걸어서 그 다음 계단이 수십 개 다시 시작하는데 우리는 그곳을 오르고 있었다. 이 궁을 나는 나중에 모세의 궁이라 이름 지었다. 다 오르면 궁 안의 넓은 광장이 나타나고 양쪽 옆 벽쪽으로 5명씩의 흰 날개 달린 흰 옷 입은 천사들이 서 있다.

그런데 이번에는 긴 초승달 같은 하나의 풍선을 이쪽에서 저쪽으로 천정에 연결되듯이 이쪽의 천사들이 이쪽 끝을 저편의 천사들이 저편 끝의 끈을 쥐고 있으면서 우리에게 보이는 것은 아치 모양으로 된 길고 긴 풍선을 들고 있었는데 그 풍선의 색깔은 청동색깔로서 거기에 하늘색으로 '나는 너를 사랑하노라' 라고 쓰여 있었다. 물론 주님이 내게 하시는 말씀이다. 그것을 보자 나는 눈물이 찔끔했다.

그 아치형의 긴 풍선 뒤로 다음의 천사들이 또 청동색깔의 아치

모양의 초승달처럼 생긴 긴 풍선을 들고 서 있었는데 거기에는 '죽도록 충성하라' 하는 말이 쓰여져 있었다.

아~너무 감동적이다.

그것을 보면서 주님과 나는 그 궁전 광장을 걸어 들어갔는데 그 광장에 역시 대리석 테이블이 놓여 있었고 테이블 색깔은 바다에 있는 조약돌 색깔과 같았다.

긴 직사각형의 테이블이 앞에 있는 보좌 중심으로 하여 전후로 기다랗게 놓여 있었다.

그곳 안쪽 끝에 보좌 쪽으로 주님이 앉으시고 나는 그의 오른편 가운데 모세가 왼편의 가운데 앉았다.

모세는 역시 황금지팡이를 갖고 나타났고 그것을 자신의 왼편에 놓여 있는 다른 의자에 놓았다.

우리 테이블 위에는 역시 모세와 나는 성경책을 가지고 있었다.

물론 모세 쪽으로 성경책이 펴져 있었다.

모세가 먼저 내게 이렇게 말을 했다.

우선 우리가 먼저 예수님께 감사의 말을 하자고 제의하였다.

나에게 '왜?' 라고 하는 마음에 질문이 생기자 모세가 말했다.

이것을 밝혀 주시는 예수님께 감사하자는 것이었다.

즉 조금 후에 우리가 나눌 이야기에서 예수님이 모르는 것, 궁금한 것을 밝혀 주실 것에 대하여 또 그 대화를 허락하심에 대하여 감사부터 하자는 것이었다.

그래서 나는 좋다고 말했다.

그리고 우리는 주님께 감사하다는 마음을 표현하면서 내가 주님의 오른 손을, 그리고 모세가 주님의 왼손을 잡아 드림으로 감사함을 표현하였다.

[i] 그리고 모세와 내가 보고 있는 곳은 바로 여호와가 모세를 애굽으로 가는 중에 그를 죽이려 하는 장면이었다.

나는 평상시에 왜 하나님이 모세를 갑자기 죽이려 하였는지 궁금하였던 것이다.

즉 이스라엘을 애굽에서 인도하여 내려고 모세를 보내는 중에 왜 모세를 죽이려 하셨는지.......

지상에서 아무리 성경을 읽어도 도저히 풀리지 않았었다.

그런데 그것을 내게 오늘 알게 하시는 것이었다.

할렐루야.

[출 4:19-24]

(19)여호와께서 미디안에서 모세에게 이르시되 애굽으로 돌아가라 네 생명을 찾던 자가 다 죽었느니라 (20)모세가 그 아내와 아들들을 나귀에 태우고 애굽으로 돌아가는데 하나님의 지팡이를 손에 잡았더라 (21)여호와께서 모세에게 이르시되 네가 애굽으로 돌아가거든 내가 네 손에 준 이적을 바로 앞에서 다 행하라 그러나 내가 그의 마음을 강퍅케 한즉 그가 백성을 놓지 아니하리니 (22)너는 바로에게 이르기를 여호와의 말씀에 이스라엘은 내 아들 내 장자라 (23)내가 네게 이르기를 내 아들을

놓아서 나를 섬기게 하라 하여도 네가 놓기를 거절하니 내가 네 아들 네 장자를 죽이리라 하셨다 하라 하시니라 (24)여호와께서 길의 숙소에서 모세를 만나사 그를 죽이려하시는지라.

즉 여호와께서 길의 숙소에서 모세를 만나사 그를 죽이려하시는 지라.

그 이유에 대하여 주님은 여호와 하나님이 모세에게 하신 말씀이 중요하다 하였다.
즉 이 말씀 때문에 하나님은 모세가 이 말씀에 반항하여 그를 죽이려 하셨다는 것을 알게 하여 주셨다.
할렐루야.

그 성경구절을 한번 보자.

(22)너는 바로에게 이르기를 여호와의 말씀에 이스라엘은 내 아들 내 장자라 (23)내가 네게 이르기를 내 아들을 놓아서 나를 섬기게 하라 하여도 네가 놓기를 거절하니 내가 네 아들 네 장자를 죽이리라 하셨다 하라 하시니라

즉 모세는 자신이 22절에서 23절 말씀을 바로에게 전하면 바로가 자신을 가만 두지 않고 죽일 것을 생각하여 하나님의 말씀에 반항 하였다는 것이다.

그들이 모르는 하나님이 바로의 장자 즉 왕자를 죽일 것이라 하는데 바로가 모세를 가만 둘리가 없다는 것이다.

그래서 모세는 하나님의 말씀에 반항하여 가지 않으려 했던 것이다. 이것에 대하여 성경에 나타나 있지 않으나 오늘 주님이 나에게 왜 그를 죽이려 하였는지를 설명하여 주셨다.

아멘.

아 이제야 이 부위가 이해가 간다.

오 마이 갓! 왜 내가 지상에서는 이것을 깨닫지 못했는가?

모세는 여러 번 말했다.

나는 못가겠다고......

그랬더니 하나님이 모세에게 화를 내시기도 했다.

모세는 다시 자신은 말이 아둔하여 못 가겠다 하였다.

내가 누구관대 나를 보내시냐고?

거기다가 또 오늘 이 구절이

[출 4:19]
여호와께서 미디안에서 모세에게 이르시되 애굽으로 돌아가라
네 생명을 찾던 자가 다 죽었느니라.

모세는 자신의 생명을 찾는 자들을 피하여 미디안에 있었고 그곳에 가는 것을 두려워하고 있었다는 것을 말하여 준다.

그런데 오늘 더더구나 하나님이 하신 말씀, '이스라엘이 나의 장자인데 보내지 아니하면 네 장자를 죽일 것이다.' 라고 전하라 하니 모세는 이제는 정말 나는 도저히 못 가겠다 한 것이다.

그래서 하나님은 그를 길에서 그 숙소에서 죽이려 하였던 것이다. 주여!

지상에서 알 수 없어서 궁금하였던 것을 천상에서 알려주시는 주님께 감사와 찬양을 올려 드린다.

할렐루야.

[ii] 그 다음 나는 그러고 나서 그 아내가 아들의 양피를 베어서 피가 떨어지는 채로 모세의 발 앞에 던지면서 당신은 참으로 내게 피 남편이로다. 라고 했더니 하나님께서 모세를 죽일려고 했던 것을 멈추시고 용서하여 주었다는 내용이 나온다.

나는 여기서 이 구절도 궁금했다.

그리하였더니 천국에서 나에게 생각으로 알게 하여 주신 것은 아니 이러한 깨달음이 절로 온다. 내가 의문을 가지면 말이다. 그것은 주님이 내게 알게 하여 주시는 것이다.

할렐루야.

여기서 주님이 알게 하여 주시는 것은 이렇다.

모세의 아내가 남편을 살리기 위하여 아들의 양피를 베어서 피를 흘린 것은, 바로 이것은 나중에 하나님이 모세에게 이스라엘이 죄를 지을 때마다 동물의 제사를 지내어 죄 용서함을 구하라고 한 것과 동일한 의미를 지닌다는 것이었다.

성경은 '피 흘림이 없이는 죄 사함이 없다' 고 말한다.

[히 9:22]
**율법을 좇아 거의 모든 물건이 피로써 정결케 되나니 피 흘림이 없은
즉 사함이 없느니라.**

아하! 그렇구나. 이 일은 하나님께서 모세에게 나중에 이스라엘 민족에게 율법을 주시면서 죄를 지을 때마다 동물의 피를 흘리게 하라고 하는 율법을 모세가 시내산에서 하나님으로부터 받기 전이었으므로, 모세의 아내가 남편을 살리기 위하여 아들의 양피를 베어 피를 흘린 것은 바로 이 피 흘림이 없이는 죄 사함이 없느니라는 말씀을 이루기 위하여 하나님께 모세의 죄를 용서해 달라고 한 것이었다. 오 주여!

[출 4:25-26]
(25)십보라가 차돌을 취하여 그 아들의 양피를 베어 모세의 발 앞에 던지며 가로되 당신은 참으로 내게 피 남편이로다 하니 (26)여호와께서 모세를 놓으시니라 그 때에 십보라가 피 남편이라 함은 할례를 인함이었더라
할렐루야. 모세의 아내가 자식의 양피를 베어 피가 흐르는 양피가

죽을 남편의 발 앞에 던지니 그때에서야 모세를 죽이려 했던 여호와가 그 피를 보고 모세의 생명을 살리신 것이라는 것이다. 즉 모세의 죄 때문에 자식이 할례를 하여 피를 대신 흘렸다는 것이다. 아멘.

오늘 우리가 이곳을 보기 전에 모세가 나에게 말하기를 이것을 밝혀 주시는 예수님께 먼저 감사하자고 했다. 그래서 우리는 이것에 대하여 주님께 감사하였고 그 감사에 대한 마음으로 내가 주님의 오른 손을 잡았고 또 모세는 주님의 왼손을 잡아 그 감사함을 표현하였던 것이다.

할렐루야.

나는 오늘에야 왜 하나님의 말씀에 순종하여 이스라엘 민족을 이끌어 내기 위하여 애굽으로 가는 모세를 길에서 죽이려 하셨는지를 알게 되었다.

그리고 십보라가 자식의 양피를 베어서 모세의 발에 던졌을 때에 하나님께서 왜 그를 죽이려 하였던 것을 놓으셨는지 이제야 알게 된 것이다.

할렐루야.

13

모세는 떨기나무 사건이후 여호와 하나님과 어떻게 대화 하였는가?

(2014. 6. 13)

또 하나의 나의 궁금증은 모세는 떨기나무에서 여호와 하나님과 대화한 이후로도 계속 그분과 함께 대화 하였다.

이것이 어떻게(정확히 이야기하면 어떤 방식으로 대화하였는가 하는 것) 가능하였는가 하는 것이었다.

하나님은 그것을 이렇게 알려 주셨다.

내가 처음으로 하나님의 음성을 들은 후(내가 깨어질 때) 그 후에 집에 와서도 또는 직장에서도 계속 내 안에서 누군가가 나에게 계속 말을 걸어오시는 분이 계셨다. 그것도 아주 명확하게 강력하게 말이다. 예를 들면 실험실에서 일하고 있는데 '지금 너 뭐하냐?' 하고 계속 물으시는 것이었다.

그 말은 '너 지금 영혼구원 안하고 뭐하고 있느냐' 고 하는 말씀이었다.

즉 모세도 마찬가지라는 것이다.

즉 모세가 떨기나무에서 하나님의 말씀을 처음 들은 후에 모세가 다시 일상 생활로 돌아왔는데도 성경은 그 다음에도 계속 '여호와께서 모세에게 말씀하시기를' 이렇게 기록하고 있다.

즉 그 이후에 여호와 하나님과의 대화가 어떻게 일어났는가 하면 정확히 내가 처음 하나님의 음성을 들은 이후에도 계속하여 하나님께서 나에게 말씀을 걸어오신 것처럼 그렇게 일어났다는 것이다. 할렐루야.

알게 하여 주신 주님을 찬양합니다.

14

하나님께서 미리암에게 문둥병이 발하게 하신 진짜 이유가 밝혀지다.

(2014. 6. 14)

천국에 올라갔다.

가는데 나를 마중 나온 천사 즉 황금수레 마차를 끌고 온 두 천사 중 하나인 바깥에서 수호하는 천사가 나를 보더니 '모든 것이 다 준비되어 있습니다.' 라고 말한다.

나는 속으로 도대체 무엇이 다 준비 되어 있다는 말인지 참으로 궁금하였다.

천국 입구 진주 황금대문에 도착하니 마차 바깥에서 수호하는 천사가 '문을 여시오' 라고 말한다.

그러면 그 대문 바깥에 서 있는 두 천사는 '사라님 오셨다' 하면서 문을 활짝 양쪽으로 밀어서 연다.

그리고 나를 태운 마차가 들어가서 황금대로 왼편에 섰는데 거기에 흰 날개 달린 천사들이 여러 명이 있었고 또 마차 후미 쪽으로 청색의 갑옷을 입은 한 천사가 보인다. 아니 저 천사는 왜 여기 있지?

오늘은 좀 모든 것이 특이했다.

올라올 때부터 천사가 나를 보고 모든 것이 준비되어 있다하지를 않나? 오늘은 특이하게 저어기에 청색의 갑옷을 입은 천사가 나를 물끄러미 보고 있지를 않나?

어쨌든 나는 흰 날개 달린 두 천사들에 의하여 수종을 받아서 주님께로 인도함을 받았다.

주님은 늘 그러하듯이 황금대로 우편에서 나를 맞아 주셨다.

그리고서는 바로 또 우리 오른편으로 계단이 나타났다.

이 계단들은 우리를 늘 모세와 대화하는 장소가 있는 궁전의 광장 안으로 인도한다.

여기는 계단이 여러 개로 되어 있는데 이곳을 먼저 올라가면 하나의 넓은 계단이 나타나면서 그 위로 수십 개의 계단이 더 나타난다. 이곳을 올라가면 궁전안의 큰 광장 같은 곳이 있다.

그런데 오늘은 주님이 우리가 계단을 걸어서 올라가지 않고 구름을 불러서 구름을 타고 올라가는 것이었다.

그리고 올라가니 역시 광장 양옆으로 다섯 명씩의 천사들이 서서 있는데 이 천사들은 다 흰 날개를 가지고 있고 또 흰 옷을 입고 있었다. 그들이 서서 황금으로 된 피켓을 여기 끝에서 궁의 천장을 아치모양으로 장식하면서 저기 끝으로 연결하는데 그 길이가 약 60-70m 는 능히 되어 보였다. 그리고 그 피켓에는 오직 한 글자가 중앙에 '축' 이라고만 쓰여져 있었다.

즉 나에게는 아직 알려지지 않고 있는데 분명 나를 축하한다는 것이다. 도대체 무엇을 축하한다는 것인지?......

그러고 나서 그 광장 앞에는 주님의 보좌가 크게 있고 그 오른편 옆에 내가 앉는 의자가 있고 그리고 왼편에 모세가 앉는 의자가 놓여 있었다.

주님이 앉으시고 내가 앉고 모세가 황금지팡이를 가지고 나타나 자기자리에 앉았다.

그러자 주님이 나에게 말씀하신다.

'내가 너에게 이것을 주겠노라.' 하시는데 보니까 내 앞에 황금으로 된 배가 있었다. 그것을 나에게 선물로 주시겠다는 것이다. 와우! 그 배는 순전히 황금으로 된 배인데 꼭 무슨 노아의 방주같이 둥글고 좀 둔탁하게 생겼다. 크기는 길이가 약 3m, 높이가 약 2m 정도 되는 배이다. 사람이 탈수 있는 배가 아니라 내가 보아도 그냥 선물용 배였다.

나는 의아하여 하였다. 고작 이것을 가지고 '축' 이라고까지 써가면서 나를 축하하는 것인가? 하고. 왜냐하면 천국에는 금이 많기 때문이다.

나는 이해가 가지 않았다.

그러나 나는 곧 모세와 함께 테이블에 앉았다.

그런데 이번에 이 긴 직사각형의 테이블은 황금 테이블이었다. 주님은 이 황금 테이블을 모세에게 선물한다 했다. 나는 나중에 안 일이지만 우리가 오는 이 궁은 모세에게 주어진 궁이었다. 그러므로 이 테이블은 이 궁 안에 놓이므로 주님이 이것을 모세에게 준다고 말씀하신 것이다.

어쨌든 모세와 나는 테이블 위에 성경책을 펴고 앉았다.

이때 주님은 주님의 두 손을, 한 손은 내 성경책 위에 다른 한 손은 모세가 가진 성경책 위에 놓으셨다. 꼭 안수하듯이......

주여!

그러고 나서 나와 모세는 대화를 시작하였다.

나는 모세에게 말했다.

"모세님, 나는 모르겠어요. 무엇을 질문하여야 할지. 그냥 모세님이 나에게 무엇을 가르쳐 주실지 이야기하여 주세요."

그랬더니 모세가 마음으로 알게 하여 주는데 미리암 부위로 가자는 것이다.

그것은 내가 어제께 천국에 올라가거든 이런 것들을 모세에게 질문하여야지 하고서 질문할 것을 여러 개 적었었는데 그중의 하나였다.

[i] 그것은 무엇이었냐면 모세가 구스여자를 취하였을 때에 미리암과 아론이 와서 모세에게 너 잘못했다고 책망하였을 때에 하

나님은 모세를 벌하기보다 미리암에게 문둥병을 발하게 하였던 것이다. 나는 하나님께서 왜 그러셨는지가 궁금하였던 것이다.

내 생각은 모세가 잘못했고 미리암과 아론은 와서 바른 소리하였는데 왜 바른 소리를 한 미리암에게 하나님은 문둥병을 발하게 하였는지가 참으로 궁금하였던 것이다.

그런데 모세가 그곳으로 가자는 것이다. 할렐루야.

[민 12:1-2]
(1)모세가 구스 여자를 취하였더니 그 구스 여자를 취하였으므로 미리암과 아론이 모세를 비방하니라 (2)그들이 이르되 여호와께서 모세와만 말씀하셨느냐 우리와도 말씀하지 아니하셨느냐 하매 여호와께서 이 말을 들으셨더라

모세가 여기서 나에게 알게 하여 준 것은 미리암과 아론은 모세에게 가서 네가 구스여자를 취하였으니 너는 이제 지도자 자격이 없다는 말이었다는 것이다. 즉 그들은 모세가 그러한 죄를 지었으니 그는 이제 더 이상 이스라엘의 지도자가 될 자격이 없다는 말이었다는 것이다. 그래서 이제 우리가 그 지도자 자리를 대신하겠다는 의미로 '여호와께서 모세와만 말씀하셨느냐 우리와도 말씀하지 아니하셨느냐' 라고 했다는 것이다. 즉 미리암과 아론은 우리들도 하나님의 말씀을 듣는 자이니 이제 죄를 지은 모세는 그만 지도자의 자리에서 내려오고 우리가 그 지도자의 자리에 앉겠다는 뜻이었다는 것이다. 즉 그들은 하나님께서 세우신 모세의 자리를 탐하

는 마음에서 그에게 와서 이러한 질책을 하였다는 것이다. 주여!

그러므로 하나님께서 미리암에게 문둥병에 걸리게 하신 것은 하나님께서 그들이 모세가 구스여자를 취한 것에 대하여 질책하였다고 하여 벌을 내리신 것이 아니라 오히려 모세의 자리를 탐한 것에 대한 벌이라는 것이다.

할렐루야. 아멘. 주여 이제야 이해가 가나이다. 할렐루야.

하나님은 우리의 중심을 보시는 하나님이신 것이 분명하다.

[삼상 16:7]

여호와께서 사무엘에게 이르시되 그 용모와 신장을 보지 말라 내가 이미 그를 버렸노라 나의 보는 것은 사람과 같지 아니하니 사람은 외모를 보거니와 나 여호와는 중심을 보느니라

즉 미리암과 아론의 죄는 모세가 잘못한 것에 대하여 질책한 것이라기보다는 오히려 하나님께서 세우신 이스라엘 민족의 지도자 모세를 그 자리에서 끌어내리려 한 죄라는 것이다.

이것은 모세를 대적하였다기보다는 모세를 세우신 하나님을 대적하는 행위였다. 그래서 하나님은 그 죄의 댓가로 미리암에게 문둥병을 발하게 하셨다는 것이다.

할렐루야. 깨우침을 주시는 하나님께 찬양을 드린다.

결국 미리암이 문둥병이 발한 것은 모세가 구스여자를 취한 것을 질책한 것 갖고 그런 것이 아니라 그 마음속에는 모세의 자리를 탐

했기 때문이라는 것이다.

아멘, 아멘.

깨우쳐 주시는 하나님을 찬양합니다.

그러고 나서 나중에 아론이 모세에게 와서 미리암의 하나님께 말하여 문둥병을 고쳐달라고 하니 모세가 자신의 누이 미리암을 위하여 그녀의 죄를 하나님께 용서하여 달라고 기도하였더니 미리암의 문둥병이 고침을 받았다는 것이다.

[ⅰ] 그래서 내가 또 모세에게 물었다. 모세는 왜 하나님께서 그녀를 문둥병으로 치셨는지 그 이유를 알고 있었냐고 물었다.

그리하였더니 모세가 말한다. 나는 알고 있었다고.

그래서 그녀를 위하여 중보기도를 할 때에 그 죄를 용서하여 달라고 기도했다는 것이다. 그리고 그녀는 용서함을 받았다는 것이다. 아하 이제야 모든 것이 풀린다.

모든 것이 이해가 간다. 주여!

나는 왜 미리암과 아론이 가서 모세에게 바른 말을 했는데 왜 그들이 벌을 받았는지 이해가 되지 않았다. 그러나 그 중심을 아시는 하나님께서 미리암을 칠 수밖에 없었던 그 이유가 바로 모세의 자리를 자기들이 대신할 수 있다라고 생각했기 때문이라는 것이다.

아멘.

그러면 나는 다시 물었다. 모세가 구스여자를 취한 것이 잘못된 것이 아니냐고 그랬더니 자신이 잘못한 것이라 말한다.

할렐루야.

[민수기 12:3-10]

(3)이 사람 모세는 온유함이 지면의 모든 사람보다 승하더라 (4)여호와께서 갑자기 모세와 아론과 미리암에게 이르시되 너희 삼인은 회막으로 나아오라 하시니 그 삼인이 나아가매 (5)여호와께서 구름 기둥 가운데로서 강림하사 장막 문에 서시고 아론과 미리암을 부르시는지라 그 두 사람이 나아가매 (6)이르시되 내 말을 들으라 너희 중에 선지자가 있으면 나 여호와가 이상으로 나를 그에게 알리기도 하고 꿈으로 그와 말하기도 하거니와 (7)내 종 모세와는 그렇지 아니하니 그는 나의 온 집에 충성됨이라 (8)그와는 내가 대면하여 명백히 말하고 은밀한 말로 아니하며 그는 또 여호와의 형상을 보겠거늘 너희가 어찌하여 내 종 모세 비방하기를 두려워 아니하느냐 (9)여호와께서 그들을 향하여 진노하시고 떠나시매 (10)구름이 장막 위에서 떠나갔고 미리암은 문둥병이 들려 눈과 같더라 아론이 미리암을 본즉 문둥병이 들었는지라

즉 그 비방 안에는 바로 '모세, 너는 이제 지도자 자격을 잃었다.'는 것이다. '우리도 하나님의 말씀을 들으니 이제는 우리가 그 자리를 대신 하겠다.' 는 것이었다.

그러나 하나님은 이들 셋을 회막으로 부르셔서 말씀하시기를 다른 자들과는 내가 이상과 꿈으로 말하지만 내 종 모세하고는 직접

대면하여 말하므로 어느 누구도 그 자리를 대신할 수 없음을 말씀하고 계시는 것이었다.

그래서 하나님은 그 모세의 자리를 탐한 미리암과 아론에게 진노하실 수밖에 없었던 것이다. 아멘.

그러고 나서 나는 모세와 이야기하고 나서 아까 주님으로부터 받은 황금으로 된 배를 가져가야겠다고 생각을 했다.

그런데 어디로 가져갈까 하고 잠시 생각하는데 아하 천국의 내 집으로 가져가야겠구나 하는 생각이 들자 벌써 주님과 나는 천국의 내 집 정원에 와 있었다.

그런데 그 배를 내 집의 연못에 띄우려니 내 연못의 크기가 더욱더 크게 넓어지게 되는 것이었다. 꼭 큰 호수의 약 1/2 정도 되는 크기로 조그만한 연못이 아주 크고 넓어지게 된 것이다. 오 마이 갓!

그 황금배가 연못에 띄워짐으로 말미암아 내 정원이 더욱 넓어지고 아름답게 되어졌다. 그리고 이렇게 연못이 커지고 정원이 넓어지니 이 모든 것을 관리하기 위하여 천사들 4명이 더 늘었다. 우리 집 현관문 앞에는 흰 날개 달린 두 천사들만 있었는데 이제 양쪽에 두 명씩 더 늘어서 여섯 명이 되었다.

와우! 아까 내가 모세와 이야기하는 그 큰 궁전에 처음 오늘 들어갔을 때에 '축'이라고 써 놓은 이유를 이제야 알게 된 것이다.

그 축하의 의미는 바로 이것이었다.

내가 주님으로부터 황금 배를 선물 받고 그 배를 우리 집 연못에 띄우니 그 연못이 아주아주 크게 되어져서 내 정원의 넓이와 크기가 이전에 비하여 엄청 넓어지고 커지게 된 것이었다.

할렐루야.

그리고 내 집을 관리하기 위하여 네 명의 천사가 더 늘어나게 된 것이다.

아하 그래서 내가 오늘 천국에 올라왔을 때에 나를 황금수레 마차 바깥에서 수호하는 천사가 나에게 '모든 것이 다 준비되어 있습니다.' 라고 말한 이유를 이제야 알겠다. 할렐루야.

주님과 나는 우리 집 현관문을 통하여 안으로 들어가서 테이블에 앉았다. 그리하였더니 내가 천국입구에 들어오자마자 마차 후미에서 물끄러미 나를 쳐다보던 청색의 갑옷을 입은 천사가 우리 앞에 나타났다.

이 천사는 이제 내 집에서 여러 명의 천사들을 관리하는 자라고 주님이 알려 주셨다.

나는 생각하여 보았다. 오늘 주님이 왜 내게 이 황금 배를 선물로 준비하셔서 내 집을 이렇게 넓히셨는지에 대한 이유를 생각하여 보았다.

그것은 오늘 내가 천국에 올라가기 전에 아침 일찍 나는 천국과 지옥 간증 제 1집의 마지막 페이지에 후원페이지를 작성하였던 것이다. 즉 나는 이 간증 책을 읽고 은혜를 입은 자들에게 정말 천국지옥에 대한 복음의 전파와 그리고 영혼구원을 위한 후원을 요청하는 페이지를 작성하였던 것이다.

그리고 들어오는 모든 헌금은 복음전파와 영혼구원에 사용될 것이라고 썼다.

오늘 주님은 이 나의 아름다운 헌신을 보시고 나에게 황금 배를 선물하여 주셔서 내 집이 한층 커지게 되었다는 사실을 알게 되었다. 할렐루야.

우리가 주님을 위하여 일을 하는 것에 대하여 천국에서는 즉각즉각 반응이 일어난다. 오! 할렐루야. 주님을 찬양합니다.

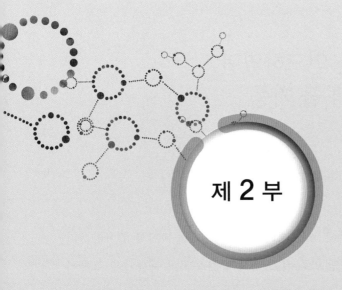

제 2 부

2014. 6. 17

~ 2014. 7. 1

01
이스라엘을 인도하였던
구름 기둥과 불 기둥

(2014. 6. 17)

천국에 올라가는데 나를 데리러 온 두 천사들에게서 옷이라든지 그 모든 몸에서 형광으로 된 초록색과 분홍색이 아름답게 그들이 입은 옷들에서 비쳐지고 있었다.

아하! 참 아름답다고 생각했다.

그리고 천국 대문 앞에서 문을 여는 천사들 날개들에서도 이 빛이 비쳐지고 있었다.

천국에 도착하여 나를 수종하는 두 어른 천사가 나를 한 손씩 잡고 나를 주님께로 인도하였다. 그리고 내 머리의 다이아몬드로 된 면류관에서도 이러한 형광으로 된 초록색과 분홍색 빛이 비쳐지고 있었다.

주님은 '딸아 어서 오너라.' 하고 맞아 주신다.

오늘 따라 그 두 어른 천사들 말고 어린 천사들이 많았다. 약 10명이 넘는 것 같다. 그들은 다 흰 날개를 가지고 있었다. 주님과 내가 구름을 타는데 그들 중 몇 명이 따라 탔다.

그리고 우리는 구름을 타고 몇 개의 옆으로 긴 계단을 오르고 그 다음 몇 십 개의 계단을 주님과 내가 구름을 타고 올라갔다.

여기는 모세를 만나러 가는 장소이다.

오늘도 그 궁의 양 벽쪽으로 몇 명의 흰 날개 달린 천사들이 피켓을 이쪽 천정에서 저쪽 천정에 이르기까지 황금 배너에 '나는 이제도 있고 전에도 있었고 장차 올 자' 라는 글씨를 쓴 채로 우리를 향하여 높은 궁의 천정에 보여주고 있었다. 그 뒤에 또 하나의 황금으로 된 멋있는 배너가 동일한 말씀으로 천사들이 이쪽에서 저쪽까지 양끝을 단 막대기를 들고 있었다. 주여!

주님이 구름에서 내리셔서 궁의 광장 안쪽에 놓여 있는 주님의 보좌에 앉으시고 그 왼편과 우편에는 어린 천사들이 좋아서 앉아 보는 것 같았다.

그리고 곧 그 어린 천사들은 떠나고 거기에 내가 주님의 오른편에 앉았고 그 다음 모세가 꼭 성가대들이 입는 옷 같은 것을 입고 황금 지팡이를 가지고 나타나서 주님의 왼편 의자에 앉는 것이었다.

그리고 주님이 말씀하신다.

그렇게 의자에 앉아 있다가 이제 우리보고 앞에 놓여 있는 테이블에 앉으라고 말씀하신다.

그래서 주님이 그 앞에 놓여 있는 직사각형 테이블 머리에 앉으시고 그 오른편에 내가 앉고 그리고 왼편에는 모세가 앉았다.

우리는 각각 성경책을 펴고 앉아 있었다.

그리고 나서 나는 모세에게 마음으로 성경의 '낮에는 구름기둥 밤에는 불기둥' 쪽으로 가자고 전했다.

그러자 나에게는 이러한 깨우침이 왔다.

아하! 이스라엘 민족이 하나님께서 그들을 사막에서 광야에서 그들을 인도하실 때에 낮에는 구름기둥 밤에는 불기둥으로 인도하셨는데 즉 구름기둥이 진에 머물고 있으면 그들도 그곳에 머물었고 구름기둥이 발행하면 그들도 일어나서 움직였다는 것이다.

그리고 나는 지금 내 삶속에서 이러한 인도함을 받고 있다는 것이 알아졌다. 할렐루야.

즉 나는 선교 나가고 싶으나 남편은 이곳 LA가 선교지라 하면서 움직일 생각을 하지 않았다. 그래서 나는 주님께 기도했다. '주님, 말씀만 하시옵소서! 나는 떠나겠습니다.' 라고 말이다. "언제입니까? 언제입니까?"

그럼에도 주님은 묵묵부답이셨다. 도무지 '가라' 하시는 명령이 안 떨어지는 것이다.

그런데 오늘 이 이스라엘 민족을 광야에서 구름기둥으로 불기둥으로 인도하신 하나님을 생각하는데 '아하, 그렇구나!'

그들이 구름기둥이 머무는 곳에서는 진을 쳤고 그리고 그 구름기둥이 움직이지 아니하면 도무지 그들이 진행하지 아니한 것처럼 나도 내가 지금 있는 이 자리에서 주님이 '가라'하시지 아니하시면 여기 머물러야 함을 깨달은 것이다.

그리고 '떠나라' 하실 때에 그 때가 그분이 구름기둥이 나의 현재의 집에서 일어서는 때라는 것을 알게 하여 주신 것이다.

할렐루야.

지금 내가 살고 있는 이곳에서도 나를 인도하시는 그 구름기둥이 아직 움직이고 있지 아니함을 깨닫게 하여 주신 것이다.

할렐루야.

그러므로 나는 나를 인도하시는 그 구름기둥이 일어설 때 나도 일어서면 되는 것이다. 그러나 그 구름기둥이 움직이지 아니하면 나는 그대로 머물고 있으면 되는 것이다.

할렐루야.

즉 그 두신 자리에서 충성을 다하면서 말이다.

나를 인도하시는 그 구름기둥이 움직일 때 나도 움직이면 되는 것이다. 할렐루야.

우리는 이 구름기둥을 성령님이라 말할 수 있다.

오호, 주님 나를 인도하여 주시옵소서!

나는 이 귀한 깨달음을 가지고 내려왔다.

즉 우리 남편 즉 사람을 탓할 것이 아니라는 것을 알게 하여 주신 것이다. 할렐루야.

02

주님이 북한의 땅굴에 대하여 '땅굴은 그들의 비밀무기이니라' 라고 말씀하시다.

(2014. 6. 19)

아침에 천국을 올라갔다.

나를 데리러 온 황금보석 마차 바깥에 있는 천사가 말한다.

모두가 나를 기다리고 있다고........

나는 천국에 도착하였다. 그리고 천사들의 손에 의하여 주님께 인도함을 받았다.

주님은 나를 구름에 태우시고 천국의 회의실로 데리고 가셨다.

거기는 마리아, 사도 요한, 바울, 베드로, 세례요한, 모세, 안드레, 삭개오, 에스더가 와 있었다. 우리는 다 자리를 잡고 앉았다. 물론 주님은 주님의 자리에, 그의 오른편에 마리아 왼편에 내가 먼저 앉고 나머지는 다 양쪽으로 갈라서 앉았다.

나는 오늘따라 왜 회의실에 오나 하고 생각하고 있는데 혹 내가 쓰는 책에 대하여 의논을 하는가 했는데 테이블 위에 한국지도가 갑자기 퍼졌다.

남한과 북한이 보이고 그 사이에 38선이 있다.

그런데 갑자기 내 눈에 굴이 보이는 것이었다.

땅굴, 땅굴 속에서 우리 국군의 옷을 입은 총을 든 군인들이 쏟아져 나오는 것이었다.

아니, 그렇구나! 지금 북한이 땅굴을 통하여 도발을 준비하고 있다는 것이었다.

주님이 말씀하신다. "땅굴은 북한의 숨은 무기이니라."

끔찍하였다. 땅위에서는 미사일로 공격하고 나머지는 순간적으로 땅굴에서 나와 남한을 점령하려 하는 것이다.

어떡하나?..........

나는 모두에게 한마디씩 해보라 했다.

그러나 그들은 모두가 다 아무 말이 없었다. 다 넋을 잃고 그냥 땅굴에서 사람들이 나오는 것을 보고만 있었다.

모두가 말을 잃을 정도로 그만큼 심각하게 보였다. 주여!

03

또한 모세시대의 장대에 달린 놋뱀에 대하여 말씀하시다.

(2014. 6. 19)

그리고 나서 나와 모세 그리고 주님은 구름을 타고 항상 우리가 가는 모세의 궁으로 갔다.

나는 주님의 옷자락에 얼굴을 묻고 눈물을 보였다.

왜냐하면 모세가 또 나에게 말하지 아니할까 해서였다.

이틀 동안 모세가 나와 대화를 열지 않았었다.

그런데 오늘 또 모세를 만나는 궁으로 온 것이다.

주님이 모세에게 마음으로 말을 하신다.

"사라를 울리지 말거라." 그것이 그냥 알아진다.

주님과 나는 구름 없이 계단을 올라갔다.

주님은 직사각형의 테이블에 꼭 의장이 앉는 자리에 앉으시고 나와 모세는 그의 오른편과 왼편에 긴 테이블에 앉았다.

우리 모두에게 성경책이 펴져 있었다.

나는 모세에게 말했다. '날 가르쳐 달라고.....'

나는 모세가 성경의 어디로 가는지 궁금했다.

그런데 놋뱀쪽으로 간다. 그래 맞아. 놋뱀을 장대에 달았더니 그
것을 쳐다보는 자는 다 나았다고 했다.

'왜 장대에 달린 놋뱀을 쳐다보는데 불뱀에 물린 자들이 다 나았
는지?' 참으로 궁금해 하고 있었다. 그런데 그 이유가 순간적으로
나에게 알아진다. 천국에서는 그냥 알아진다.

나는 이것이 주님이 나에게 알게 하여 주시는 것으로 본다.

왜냐하면 주님은 천국에서 나에게 생각으로도 알게 하여 주시기
때문이다. 어떻게 그냥 알아지냐면...

'아하, 그 놋뱀은 바로 그 사람들을 죄를 짓게 하였던 사단의 상징
이었구나' 라고 알아졌다.

그래서 그 놋뱀을 하나님이 장대에 매달고 그것을 쳐다보게 하였
더니 즉 그들에게서 그들을 괴롭히던 사단의 부하들이 나왔던 것
이다. 이들은 이들속에 들어가서 하나님과 모세를 원망하게 하였
고 그리하여 그들을 하나님 앞에서 죄를 짓게 하였다.

그 두목을 장대에 매달았을 때에 그 마귀부하들이 그것을 보고
사람들 속에서 나오게 되었는데 그 때에 하나님은 불뱀에 물렸던
그들을 치유하셨다는 것이다.

할렐루야.

어쨌든 하나님이 말씀하신대로 놋뱀을 장대에 달아서 그것을 바
라보는 자는 살리라 하였을 때에 그것을 바라본 자는 순종한 자는
하나님이 다 살리신 것이었다.

아멘.

그런데 사람들은 이 놋뱀이 오실 예수 그리스도의 모형이라 말한다. 그런데 그것이 아닌 것을 오늘 예수님이 나에게 가르쳐 주신 것이다. 할렐루야!

나도 그것이 매우 이상했다. '어찌 뱀이 그리스도의 모형인가' 하고 매우 궁금하여 했던 차였다.

[민 21:5-9]

(5)백성이 하나님과 모세를 향하여 원망하되 어찌하여 우리를 애굽에서 인도하여 올려서 이 광야에서 죽게 하는고 이곳에는 식물도 없고 물도 없도다 우리 마음이 이 박한 식물을 싫어하노라 하매 (6)여호와께서 불뱀들을 백성 중에 보내어 백성을 물게 하시므로 이스라엘 백성 중에 죽은 자가 많은지라 (7)백성이 모세에게 이르러 가로되 우리가 여호와와 당신을 향하여 원망하므로 범죄하였사오니 여호와께 기도하여 이 뱀들을 우리에게서 떠나게 하소서 모세가 백성을 위하여 기도하매 (8)여호와께서 모세에게 이르시되 불뱀을 만들어 장대 위에 달라 물린 자마다 그것을 보면 살리라 (9)모세가 놋뱀을 만들어 장대 위에 다니 뱀에게 물린 자마다 놋뱀을 쳐다본즉 살더라

모르는 것을 천상에서 가르쳐 주시는 하나님을 찬양합니다.

감사합니다. 주님!!

04

주님께서 모세오경의 저자와 왜 40일 동안의 가나안 정탐이었는지, 왜 40년 동안의 광야생활이었는지를 말씀하시다.

(2014. 6. 20)

아침에 천국을 올라갔다.

황금진주보석 마차를 가지고 나를 데리러 온 두 천사가 있고 그 다음 황금진주 대문에 서서 문을 활짝 열어주는 두 천사 그리고 내가 마차에서 내릴 때에 나를 주님께로 인도하는 두 천사를 만났다.

주님과 나는 즉시 모세를 늘 만나는 궁에 왔다.

여기는 이전에도 계속 천국에 올라오자마자 늘 이곳으로 왔다.

몇 계단을 올라가서 또 수 십 계단을 올라가는……

그리고 올라가면 큰 궁전안의 광장이 나타나고 천사들이 양쪽에서 손을 모으고 공손히 우리를 환영하여 주었다.

주님과 나 그리고 모세는 우리 앞에 놓여 있는 좌석에 앉았다. 주님이 모세에게 언질을 주신다.

'사라를 속상하게 하지 말라고' 또 '사라를 울리지 말라고'

주님은 모세에게 이것을 마음으로 말씀하시면서 모세에게 얼굴을 좀 엄하게 나무라시는 듯한 표정을 하신다.

모세와 나는 직사각형 테이블에 역시 늘 그렇게 앉듯이 내가 주님 오른편쪽으로 모세가 주님 왼편쪽으로 앉았다.
우리 둘 앞에 성경책이 펼쳐졌다.
이 성경책들은 우리가 앉으면 그냥 생긴다.

내가 모세에게 마음으로 말했다.
'시작하라고……'

[ⅰ] 그런데 모세가 성경의 어디를 가지 않고 대신 나보고 질문을 하는 것이었다.
창세기, 출애굽기, 레위기, 민수기, 신명기를 누가 썼는지 아냐고 나에게 물었다.
즉 모세오경을 누가 썼는지를 나에게 묻는 것이었다. 나는 순간 주님의 얼굴을 쳐다보았다.
'왜냐하면, 뭐 이런 것을 묻는가 하고……'
내가 주님을 바라보았을 때에 주님께서는 싱긋이 웃으신다.
내가 알기로는 모세오경이니까 여태까지 모세가 모세오경을 썼다라고 알고 있었다.
그런데 모세가 나에게 말한다. 답은 '모세'가 아니라 '천사'라는 것이다.

즉 자기가 모세오경을 쓴 것이 아니라는 것이다.

나는 여기에 대하여 이해가 선뜻 가지 않았으나 모세가 하는 말은 어쨌든 천사가 모세오경을 썼다는 것이다.

나는 이러한 질문에 대하여서는 즉 모세오경을 누가 썼을까 하는 의문을 전혀 생각해 보지도 않고 있었던 나였다.

그런데 오늘 모세가 나에게 이 질문을 하고 이 질문에 대하여 자신이 그 답을 가르쳐 준 것이다.

나는 아니 우리는 모세오경을 모세가 썼다고 들었고 또 그렇게 생각하고 있었다.

그러나 천상에서 주님과 모세가 나에게 가르쳐 준 것은 모세가 쓴 것이 아니라 천사가 썼다는 것이다.

그런데 이 말은 성경에서 사도 바울이 한 말과 일치하기도 했다.

갈 3:19절에 이렇게 말한다.

[갈 3:19]
그런즉 율법은 무엇이냐 범법함을 인하여 더한 것이라 천사들로 말미암아 중보의 손을 빌어 베푸신 것인데 약속하신 자손이 오시기까지 있을 것이라

천사의 중보의 손를 빌어서...... 율법이 이스라엘 민족들에게 하나님으로부터 베풀어졌다는 것이다.

그런데 천사가 썼다는 것은 결국 하나님이 쓰셨다하는 것과 같지 않은가? 그렇다. 즉 작가가 누구냐 하는 것인데 작가가 천사라고 하는 것은 작가가 하나님이신 것과 별로 다를 바가 없는 것이다.

할렐루야.

히브리서에 보면 천사들에 대하여 이렇게 말한다.

천사들은 하나님이 부리시는 사역자들이라고.

[히 1:7]
또 천사들에 관하여는 그는 그의 천사들을 바람으로, 그의 사역자들을 불꽃으로 삼으시느니라 하셨으되

즉 모세오경의 저자는 모세가 아니라 천사였고 천사라는 말은 또한 하나님께서 부리시는 천사이므로 결국은 저자는 하나님이 아니신가 하는 것이다.

할렐루야. 맞다. 모세오경의 저자는 하나님이시다. 할렐루야.

[ii] 두 번째로 내가 모세에게 질문하였다.

즉 그 다음 내가 하고 싶은 질문은 이스라엘 민족의 가나안 정탐 40일간이었다. '왜 하필이면 꼭 40일인가?' 하는 것이었다.

40일은 땅을 정탐하는데 상당히 긴 시간이었다.

그 시간은 그들이 가나안 사람들의 집에 들어가서 여기 저기 며칠씩이라도 묵지 아니하면 도저히 길에서는 보낼 수 없는 시간들인 것이다.

그런데 그들의 40일간의 가나안 정탐 후에 10명과 2명이 하는 보고가 완전히 틀렸었다. 그들은 분명 40일 기간 동안 거의 동일한 상황을 보고 왔을 터인데 그들의 보고는 하늘과 땅 차이였다. 하나는 믿음이 있는 보고였고 하나는 믿음이 전혀 없는 보고였다.

이것은 처음부터 그들에게 믿음이 있는 눈을 가진 자와 그렇지 못한 자의 결과였다는 것을 우리에게 알게 하여 준다.
왜냐하면 그들은 40일이라는 긴 시간동안 그들 앞에 놓인 동일한 환경과 상황을 보고 왔기 때문이다.
하나님은 이 모든 것을 처음부터 다 알고 계셨다.
즉 믿음의 눈을 가진 자는 와서 믿음의 눈으로 본 것을 증거할 것을 알고 계셨고 그리고 믿음의 눈을 가지지 못한 자들은 그들이 가나안을 정탐하고 와서는 한 장관을 세워 다시 애굽으로 돌아가고자 할 것을 알고 계셨다.
그러므로 하나님은 그들에게 40일이라는 정탐일 수를 주셨는데 이것은 나의 질문 즉 '왜 꼭 가나안 정탐일이 40일이어야 했는가?'에 대한 답을 주님이 내게 알게 하셨다. 아니 이것을 알고서 주신 날짜 수였다는 것이다.
그것은 이러하였다.
즉 하나님은 그들을 정탐한 날짜 40일을 하루를 일 년으로 계산하여 그들로 하여금 광야에서 40년 동안을 보내게 하기 위해서 40일간 정탐하고 오라고 하셨다는 것이다. 왜냐하면 그들이 믿음이 없는 보고를 할 것을 알고 계셨기 때문이라는 것이다.

오 할렐루야. 주님!

[ⅲ] 그리고 그 다음 나의 질문은

그러면 '왜 하나님은 그들을 광야에서 40년을 보내게 해야 하셔야만 했는가?' 하는 것이다.

여기에 대하여 하나님은 나에게 이렇게 알게 하셨다.

그것은 첫째

1. 내 백성을 길들이기 위해서였다고......

즉 그들을 하나님의 말씀에 길들이게 하기 위해서였다는 것이다.

광야에서는 아무것도 없어서 하나님만 바라보고 있어야 하는 시간이었으므로 하나님이 시키는 대로 해야 살 수 있는 것을 알게 하기 위한 길들이기의 시간이었다고 말했다.

2. 또 하나는 여호수아를 40년간 광야에서 준비시키기 위해서였다고......

모세가 미디안 광야에서 하나님께 쓰임받기 전에 40년 동안 준비되었듯이 말이다.

할렐루야.

3. 또 하나의 이유는 애굽에서 나온 자들을 세대교체를 하여 들여보내기 위해서였다고......

그러면서 주님은 바로 이 순간에 이 성경구절을 생각나게 하여주셨다. '이전 것은 지나갔으니 보라 새것이 되었도다.'

[고후 5:17]

그런즉 누구든지 그리스도 안에 있으면 새로운 피조물이라 이전 것은 지나갔으니 보라 새것이 되었도다.

할렐루야.

즉 애굽의 모든 것을 버리는데 40년이라는 세월이 필요하였고 이전 것은 지나가고 그리고 가나안으로 들어갈 때에는 그들이 새 것이 되어서 들어간다는 의미였다. 할렐루야!

그들은 이제 하나님의 백성들로서 하나님만을 섬기는 자들이 되어 가나안으로 들어간다는 의미였다는 것이다. 할렐루야.

그리고 이 말씀은 또 하나님께서 불평하였던 백성들이 광야에서 다 엎드려 죽고 못 들어갈 것이라 했던 하나님의 말씀을 그대로 이루었고 또한 그들이 말하기를 어린아이들이 못 들어갈 것이라 했던 그 어린아이들을 들어가게 하셨다는 것이다.

할렐루야.

05

모세와 내가 대화가 잘 열리지 아니한 것은 주님이 아니라 전적으로 모세가 안 열기 때문이었다.

(2014. 6. 20)

저녁시간이다.

왜 여태껏 모세와 대화가 잘 열리지 아니하였는가를 생각하여보면 (물론 간혹 한번 열리기도 하였다. 그러나 많은 경우에 잘 열리지 않았다) 주님이 그러하셨던 것이 아니라 모세가 나와 대화를 하려하지 아니하였다는 것이다.

왜냐하면 늘 주님은 내편이셨다. 즉 주님은 모세가 나를 힘들게 하는 것을 보시고 모세를 보고 날 울리지 말라고 두 번이나 당부하시는 것을 보았기 때문이다.

그리고 주님은 나와 모세가 대화가 열리지 아니하는 것에 대하여 내가 몹시 마음을 아파하고 나의 영이 실제로 그것에 대하여 괴로워서 울고 있음을 알고 계셨다. 아니 사실 주님과 모세 두 분 다 알고 계셨을 것이다.

천국에서는 심령의 상태가 다 드러나기 때문이다.

그런데 왜 모세는 나와 대화하는 것에 있어서 그렇게 뜸을 들였는가 하는 것이다. 나는 이것이 매우 궁금하였다. 다른 믿음의 선진들은 전혀 그렇지 않았다.

내가 물으면 즉각 대답하여 주었다.

그런데 모세는 전혀 그렇지 않았다.

나는 이것에 대한 대답을 나중에 알게 되었다.

주여!

06

주님께서 내가 모세와 같이 쓰임 받을 때에 내 남편은 아론과 같이 쓰임 받을 것을 말씀하시다.

(2014. 6. 21)

천국에 올라가서 주님과 나는 모세를 주로 만나는 궁에 들어가 넓은 광장에 놓여 있는 테이블에 가서 앉았고 모세도 와서 앉았다.

나는 주님께 이러한 질문을 가졌다.

주님, 주님께서 이전에 제게 '내가 너를 모세와 같이 쓰리라' 라고 말씀하셨는데 그것이 어떤 의미로 말씀하셨는지에 대하여 물었다. 이 말씀은 약 17년 전에 내가 주님으로부터 들은 음성이었다.

그랬더니 그 순간 모세가 손을 번쩍 들고서 항의가 있다는 듯이 주님께 말한다.

'주님, 지금 사라가 반칙을 하고 있어요.' 라고 말이다.

이때 모세가 말을 안 해도 우리는 다 통한다. 그는 손을 들고 그렇게 말하고 있었다. 즉 이 말은 내가 아직 이러한 질문을 할 때가 아니다는 말로 들렸다.

그러면서 주님께 자신이 말하게 하여 달라고 요구하였다.

그리하였더니 주님이 그것에 대하여 승낙하셨다.

모세가 나에게 물었다.

하나님이 천지를 창조하실 때에 여자를 먼저 지었느냐 남자를 먼저 지었느냐고 물었다.

그래서 나는 대답대신 이렇게 말했다.

'나는 내가 내 남편의 갈비뼈' 라는 것을 알고 있다고 말했다.

그랬더니 모세가 이렇게 말했다.

하나님께서 자기에게 형 아론을 붙여 주셔서 하나님의 일을 감당하게 하신 것처럼 내 남편이 그렇게 나에게 아론처럼 붙여져서 일을 같이 하게 될 것이다 라고 말하는 것이었다. 그러면서 나에게 '기다리라' 고 말했다. 할렐루야. 아멘이다.

오케이. 알겠다. 다 좋은데 왜 이렇게 모세는 다른 믿음의 선진들과는 다르게 나를 대하는지에 대하여 안타까웠다.

모세는 나에게 몹시 까다롭게 느껴졌다.

내가 믿음의 선진을 이렇게 말해도 괜찮을지 모르지만 어찌하였든 그랬다. 물론 모든 잘못은 내게 있을 것이다. 그러나 나는 그것이 무엇인지 모르니 답답하기만 하다.

어제도 오늘도 여러 번 다른 시간에 모세와 대화하려 시도하였으나 못했다. 그가 나와 대화를 열지 아니하는 것이다. 모세와는 도저히 내가 원하는 대로 자유롭게 대화가 열리지 않았다.

그러나 이제 겨우 대화가 열려서 내가 질문하였는데

모세가 나보고 반칙을 했다는 것이다.

'왜 이렇게 나에게는 모세가 힘들게 느껴질까? 도대체 그 이유가 무엇일까?'

그리고 더 이상 모세와 대화가 진행되지 아니하였다.
다만 남편이 내가 모세와 같이 쓰임 받을 그 때에 아론과 같이 쓰임 받을 것이라는 것밖에 들은 것이 없다. 아니 이것만이라도 좋다. 어쨌든 할렐루야!

07

드디어 모세가 나와 대화를 쉽게 열지 않는 이유에 대하여 말하다.

(2014. 6. 21)

(그 외에 주님께서는 내가 성경에 대하여 써야 할 5권의 책들을 보여주시고 또 하나님께서 인간과 대화할 때에는 주로 천사를 통하여 말씀하셨음을 알려 주셨을 뿐 아니라 아론이 금송아지를 만든 이유를 밝혀주시다)

천국에 올라갔다.

222 (여기서 222는 6명의 천사들을 말한다. 황금수레 마차를 가지고 나를 데리러 온 두 천사, 황금진주 대문에 서 있는 두 천사, 수레에서 내리는 나를 주님께로 인도하는 두 천사)를 만났다.

오늘은 나에게 보여지는 모든 것이 실물보다 크게 보였다.

두 천사의 수종을 받아 수레에서 내려서 주님께로 인도함을 받았다. 주님이 나를 맞이하시면서 '나는 네 여호와 하나님이니라' 말씀하신다. 할렐루야!

나는 천국에서 주님을 만나면 내 영은 보통 눈물을 보였는데 오늘 나는 주님을 보자마자 너무 좋아서 활짝 크게 함박꽃 같이 웃었다. 그리고 나는 주님과 함께 있는 것을 너무 즐거워했다.

주님과 나는 양쪽에 넓은 꽃밭이 있는 들을 걷고 있었다.

우리 오른편에는 노란 꽃들이 엄청 많이 피어 있었다. 꽃의 줄기들이 키가 커서 우리의 허리까지 올라왔다. 그리고 우리의 왼편으로는 분홍 꽃들이 만발하였다.

나는 이러한 꽃밭을 걷는 것이 너무 좋아서 주님께 말했다.

'주님 너무 좋아요' 하는 마음이 주님께 전달되었다.

주님께서도 마음으로 말씀하신다.

"나도 너랑 이런 곳에 오는 것을 좋아하느니라."

(나중에 알게 되는데 이 꽃밭은 주님이 내게 주신다고 했던 바로 그 정원의 꽃밭이었다. 할렐루야!)

주님과 나는 더 걸어갔다.

나는 딴 곳으로 가고 싶지 않았다. 주님과 함께만 있고 싶었다.

그러자 왼편의 꽃들이 이제는 하늘색의 꽃들로 변하여 있었고

우리의 오른편에는 노란 꽃들 다음에 주황색의 꽃들이 쭉 피어 있었다.

같이 한참 걸어가시다가 주님이 말씀하신다.

'가자' 하시면서 내 오른손을 붙잡으시고 구름 없이 날기 시작하셨다. 그런데 내 옷이 벌써 날아갈 때에 하얀색 드레스가 분홍색 드레스로 바뀌어져 있었다.

이는 우리가 꽃밭을 빠져 나오면서 내 옷이 꼭 그 꽃밭 색깔로 바뀐 것 같았다.

그 분홍색 드레스는 참으로 아름다웠다. 그런데 머리에는 늘 그대로 쓰는 다이아몬드 면류관을 쓰고 있었다.

그리고 가슴 쪽에는 노란색으로 장식되어 있었다.

방금 본 꽃밭 색깔이었다. 오! 할렐루야!

그리고 주님과 나는 어느새 주님의 보좌 앞에 와 있었다.

나는 그 아름다운 분홍색 드레스를 입고 주님의 보좌 앞쪽에 엎드려서 울면서 묻고 있었다. 내 마음속에 늘 있던 질문을 털어 놓는 것이었다.

'주님 모세는 왜 그렇게 날 힘들게 하나요?' 하고 물었다.

그런데 내가 '왜 모세는?' 하고 말을 끝내기도 전에 모세가 나타나서 주님의 왼편에 서는 것이었다. 나는 순간 놀라워했다.

자신의 말을 하고 있는데 그가 나타난 것이다. 그리고 모세는 황금지팡이를 갖고 나타났다. 그리고 그의 옷차림은 오늘따라 황금띠가 목주위로 있는 가운 같은 옷을 입고 있었다.

그리고 나는 계속 주님께 물었다.

[i] '왜 모세는 그렇게 쉽게 나에게 대화를 하지 아니하려 합니까?'

그때 또 에스더가 주님 오른편에 나타나서 섰다.

그녀는 내게 금홀을 내게 내밀면서 이렇게 말하는 것이 알아졌다. 즉 내가 모세와 대화하는 것에 있어서 '죽으면 죽으리랏다' 라고

까지 마음을 먹으면서 대화를 하려 해야 한다는 것이다. 그러자 모세가 주님 왼편 옆에 서서 나에게 드디어 왜 자기가 나와 쉽게 대화를 열지 않는 이유에 대하여 설명하여 주었다.

첫째, **내가 준비가 안 되었다는 것이다.**
즉 내가 말씀을 받을 만큼 충분히 준비가 되지 아니하였다는 것이다.

둘째, **내가 말씀을 받을 만큼 충분히 거룩하지 않다고 말했다.**
즉 이것은 내가 회개가 철저히 안 되었다는 것을 의미한다고 할 수 있다.

셋째, **자신이 가르쳐 주기 전에 내가 너무 아는 체한다는 것이다.**
그래서 내가 '나는 아무 것도 모릅니다. 진심으로 저에게 가르쳐 주세요!' 해야 한다는 것이다. 즉 선지식을 버리라는 것이다. 주여!
모세의 그 말에 모든 것이 내 탓이므로 나는 정말로 미안하다고 죄송하다고 했다. 그리고 다음부터는 아는 체 하지도 않고 가르쳐 주는 대로 받겠다고 말했다.
그랬더니 주님이 모세에게 눈짓을 하신다.
'이제 되지 않았냐고.....'
이렇게 늘 주님은 내편에 서서 말씀하여 주셨다.

나는 이 대목이 참으로 이상하게 느껴졌다.

왜 주님이 모세의 눈치를 보는 것일까?......

그냥 '이야기 해' 하고 명령하시면 되시지 (근데 이것은 어디까지나 내 생각이다)

그리고 모세가 왜 이렇게 나와 대화하는데 있어서 이렇게 당당한 것인지.... 나는 도저히 이해가 가지 않았다.

도대체 무슨 이유일까?

이 말은 다른 믿음의 선진들은 내가 모자란 점이 있어도 나를 잘 봐주었다는 말과 같다. 그런데 모세는 달랐다.

주님은 여러 번 모세에게 말했다. 나를 울리지 말라고.........

당부하셨다. 왜냐하면 모세와 내가 대화가 열리지 않아서 나는 여러 번 주님 앞에서 엉엉 울었기 때문이다.

[ii] 그리고 그 다음 질문은 바로 지난번에 내 집에서 주님이 나에게 보여주신 여러 권의 책에 대한 것이었다

분홍색과 살색중간의 껍질로 되어 있는 여러 권의 책들을 내 집에 있는 테이블에 갖다놓고 나에게 말씀을 하신 적이 있다.

그 책들이 내가 써야 하는 것이 알아졌다.

즉 성경에 대하여 말이다. 믿음의 선진들을 만나서 성경에서 궁금한 것들을 물어서 써야 할 책들 말이다. 내가 그 책들에 대하여 의문을 가지니까 벌써 그 책들이 주님의 보좌 앞 즉 내 앞에 놓여졌다. 이들은 차례대로 1, 2, 3, 4, 5 이렇게 번호까지 매겨져 있었다.

나는 말했다.

"아이구! 주님 너무 많아요."

"제가 1, 2, 3권까지는 쓸 수 있을 것 같은데 5권은 너무 많아요."

나는 주님이 이렇게 5권을 쓰라 하시는데 내가 3권만 쓰겠다고 해도 되는 것인지 의아했다. 왜냐하면 주님의 명령에 불복종하는 것이니까, 그러나 5권까지는 정말 자신이 없다고 했다. 그러면서 나는 다시 주님께 질문을 했다. 주님 이 책들이 내가 써야 할 책들이라면 주님이 오실 날이 얼마 남지 아니하였는데 언제 내가 이 책들을 다 쓰냐고 물었다.

그러자 주님이 말씀하신다.

'내가 오기 전에 네가 그 책들을 다 쓰게 될 것이야' 라고 말씀하셨다. 오 마이 갓!

그런데 사실 나는 이미 책 1권의 내용을 거의 마친 상태였다.

이런 속도로 나가면 이 5권도 얼마 되지 않아 다 쓸 수 있을 것 같았다. 그것도 1-2년 내로 말이다. 주여!

그러고 나서 주님과 나 그리고 모세는 주님 보좌가 있는 궁에서 우리가 늘 가는 모세의 궁으로 갔다.

몇 계단을 넘어서 큰 궁전의 광장 같은 곳에 와서 테이블에 앉았다. 나는 에스더도 이 모세의 궁에 같이 왔으면 했는데......

그것이 허락되지 않음을 알았다.

나는 테이블위에 성경책을 펴고서 겸손하게 모세에게 가르쳐 달라고 했다.

모세가 나에게 묻는다.

성경을 몇 번 읽었냐고?

내가 말하기를 20번까지는 세면서 읽었으므로 확실히 센 것으로 대답했다. 20번이라 했다. 그 이후로 더 읽었으나 확실히 모르겠다고 했다.

그랬더니 모세가 말을 한다.

[iii] 성경을 읽을 때에 하나님과 내가 오랫동안 이야기하는 것이 궁금하지 아니하였냐고?

즉 성막의 구조에 대하여 하나님으로부터 받거나 아니면 제사법에 대하여 하나님으로 받을 때에 하나님과 내가 아주 상세히 긴 시간 동안 말하지 않았냐고?

내가 그랬다라고 말했다.

그랬더니 모세가 말한다.

사실은 천사가 내게 알려준 것이라고...... 주여!

성경은 하나님께서 모세와 대화했다고 나와 있는데 사실은 천사가 하나님 대신 모세에게 전달했다는 것이다.

그래 맞다. 늘 천사가 하나님을 대신하여 인간에게 말한다.

떨기나무 가운데에도 하나님의 사자인 천사가 나타났었는데 그럼에도 불구하고 모세와 하나님과 대화하는 장면으로 바꾸어져 나타난다.

[출 3:2-4]

(2) 여호와의 사자가 떨기나무 불꽃 가운데서 그에게 나타나시니라 그가 보니 떨기나무에 불이 붙었으나 사라지지 아니하는지라 (3) 이에 가로되 내가 돌이켜 가서 이 큰 광경을 보리라 떨기나무가 어찌하여 타지 아니하는고 하는 동시에 (4) 여호와께서 그가 보려고 돌이켜 오는 것을 보신지라 하나님이 떨기나무 가운데서 그를 불러 가라사대 모세야 모세야 하시매 그가 가로되 내가 여기 있나이다.

즉 하나님이 하나님의 사자인 천사를 통하여 모세에게 말씀하셨다는 것이다.

나는 여기서 또 다시 사도 바울이 한 말이 생각났다.

[갈 3:19]
그런즉 율법은 무엇이냐 범법함을 인하여 더한 것이라 천사들로 말미암아 중보의 손을 빌어 베푸신 것인데 약속하신 자손이 오시기까지 있을 것이라.

즉 율법을 천사의 손을 통하여 하나님이 이스라엘에게 베풀었다는 것이다.

이 말은 지금 모세가 자신에게 성막에 대하여, 제사법에 대하여 말한 모든 것이 다 천사가 나에게 말하여 주었다하는 것과 일치를 하는 것이다. 할렐루야.

그렇게 보니까 하나님께서 사도 요한에게 계시록의 내용을 계시할 때도 마찬가지였다.

[계 1:1]

예수 그리스도의 계시라 이는 하나님이 그에게 주사 반드시 속히 될 일을 그 종들에게 보이시려고 그 천사를 그 종 요한에게 보내어 지시하신 것이라

[계 22:6]

또 그가 내게 말하기를 이 말은 신실하고 참된지라 주 곧 선지자들의 영의 하나님이 그의 종들에게 결코 속히 될 일을 보이시려고 그의 천사를 보내셨도다.

즉 계시록을 하나님은 천사를 통하여 사도 요한에게 계시하였으나 이것이 군데군데 꼭 주님이 요한에게 직접 말씀하시는 것처럼 나타나고 있는 것이 사실이다.

[계 22:7]

보라 내가 속히 오리니 이 책의 예언의 말씀을 지키는 자가 복이 있으리라 하더라.

[계 22:12-13]

(12)보라 내가 속히 오리니 내가 줄 상이 내게 있어 각 사람에게 그의 일한 대로 갚아 주리라 (13)나는 알파와 오메가요 처음과 나중이요 시작과 끝이라

이와 마찬가지로 모세가 나에게 말했다.

사실은 자신이 하나님과 직접 대화한 것같이 나타나지만 사실은 천사가 자신에게 모든 것을 알려 주었다고 하는 것이다.

할렐루야. 말이 된다.

성경은 인간은 하나님을 볼 수 없다고 말한다.

아니 보면 살 자가 없다고 말한다. 그러므로 하나님은 천사를 보내어 그분이 천사를 통하여 모세에게 말씀하시고 요한에게 말씀하신 것이 맞는 것이다. 할렐루야.

오늘 이것을 모세가 나에게 확실하게 알려 주었다. 아멘.

출애굽기에는 다음과 같이 기록하고 있다.

[출 33:18-23]

(18)모세가 가로되 원컨대 주의 영광을 내게 보이소서 (19)여호와께서 가라사대 내가 나의 모든 선한 형상을 네 앞으로 지나게 하고 여호와의 이름을 네 앞에 반포하리라 나는 은혜 줄 자에게 은혜를 주고 긍휼히 여길 자에게 긍휼을 베푸느니라 (20)또 가라사대 네가 내 얼굴을 보지 못하리니 나를 보고 살 자가 없음이니라 (21)여호와께서 가라사대 보라 내 곁에 한 곳이 있으니 너는 그 반석 위에 섰으라 (22)내 영광이 지날 때에 내가 너를 반석 틈에 두고 내가 지나도록 내 손으로 너를 덮었다가 (23)손을 거두리니 네가 내 등을 볼 것이요 얼굴은 보지 못하리라

주여! 이제 알겠나이다.

그 다음에는 모세가 아론을 불렀다.

아론이 우리가 있는 테이블에 도착했는데 그는 모세보다 키가 조금 더 컸다. 그리고 조금 야윈 모습이었다.

그는 모세의 왼쪽 편으로 앉았고 모세의 황금지팡이는 아론이 앉은 그 다음 옆 의자에 놓여졌다.

이런 경우 아론이 나타나면 누가 갖다놓는 것도 아닌데 의자가 그냥 하나 더 생긴다.

[iv] 나는 아론을 보자 질문하였다.

'어떻게 그렇게 금송아지를 만들 수 있었냐고?'

그 질문에 아론은 부끄러운지 갑자기 아론의 얼굴이 벌겋게 변했다.

나는 물었다. '아론은 하나님을 몰랐기 때문에 금송아지를 만들었냐?' 고 물었다.

그랬더니 이러한 지식은 그냥 내게 생겼다.

그는 분명 하나님을 알았었다. 왜냐하면 아론을 모세에게 보낼 때에 하나님이 그에게 말씀하신 적이 있기 때문이라는 것이다.

[출 4:27]
여호와께서 아론에게 이르시되 광야에 가서 모세를 맞으라 하시매 그가 가서 하나님의 산에서 모세를 만나 그에게 입맞추니

즉 그는 하나님의 말씀을 받을 정도로 하나님을 알고 있었다는 것이다. 그럼에도 불구하고 이스라엘 민족이 요구하는 대로 금송아지를 만든 이유를 물었다. 그리하였더니 순간 내게 주님이 알게 하여 주시는 것은 아론이 이제 모세가 없어졌으니 그가 이스라엘 민족의 지도자가 되고 싶었던 것이다. 모세가 없는 틈을 타서..... 오! 주여!

우리 인간이 그렇다. 아론뿐만이 아니다.

[출 32:1-6]
(1)백성이 모세가 산에서 내려옴이 더딤을 보고 모여 아론에게 이르러 가로되 일어나라 우리를 인도할 신을 우리를 위하여 만들라 이 모세 곧 우리를 애굽 땅에서 인도하여 낸 사람은 어찌 되었는지 알지 못함이니라 (2)아론이 그들에게 이르되 너희 아내와 자녀의 귀의 금고리를 빼어 내게로 가져 오라 (3)모든 백성이 그 귀에서 금고리를 빼어 아론에게로 가져 오매 (4)아론이 그들의 손에서 그 고리를 받아 부어서 각도로 새겨 송아지 형상을 만드니 그들이 말하되 이스라엘아 이는 너희를 애굽 땅에서 인도하여 낸 너희 신이로다 하는지라 (5)아론이 보고 그 앞에 단을 쌓고 이에 공포하여 가로되 내일은 여호와의 절일이니라 하니 (6)이튿날에 그들이 일찌기 일어나 번제를 드리며 화목제를 드리고 앉아서 먹고 마시며 일어나서 뛰놀더라.

[출 32:7]

여호와께서 모세에게 이르시되 너는 내려가라 네가 애굽 땅에서 인도하여 낸 네 백성이 부패하였도다.

[출 32:21-24]
(21)모세가 아론에게 이르되 이 백성이 네게 어떻게 하였기에 네가 그들로 중죄에 빠지게 하였느뇨 (22)아론이 가로되 내 주여 노하지 마소서 이 백성의 악함을 당신이 아나이다 (23)그들이 내게 말하기를 우리를 위하여 우리를 인도할 신을 만들라 이 모세 곧 우리를 애굽 땅에서 인도하여 낸 사람은 어찌 되었는지 알 수 없노라 하기에 (24)내가 그들에게 이르기를 금이 있는 자는 빼어내라 한즉 그들이 그것을 내게로 가져왔기로 내가 불에 던졌더니 이 금송아지가 나왔나이다

[v] 그래서 나는 다시 아론에게 물었다.
그 후에 하나님 앞에 철저히 잘못했다고 회개하였냐고 물었다.
그랬더니 아론이 말한다.
모세가 이스라엘 민족과 자기를 위하여 중보 기도할 때에 자신도 하나님 앞에 철저히 회개하였다고 말했다.
그렇게 회개하였기 때문에 (물론 이것은 성경에 나타나 있지 않지만) 그 후에도 하나님은 아론을 모세와 함께 쓰셨다는 것이다. 할렐루야.
주여! 감사합니다. 이렇게 알려주셔서……

[출 32:27-33]

(27)모세가 그들에게 이르되 이스라엘의 하나님 여호와께서 이같이 말씀하시기를 너희는 각각 허리에 칼을 차고 진 이 문에서 저 문까지 왕래하며 각 사람이 그 형제를, 각 사람이 그 친구를, 각 사람이 그 이웃을 도륙하라 하셨느니라 (28)레위 자손이 모세의 말대로 행하매 이 날에 백성 중에 삼천명 가량이 죽인바 된지라 (29)모세가 이르되 각 사람이 그 아들과 그 형제를 쳤으니 오늘날 여호와께 헌신하게 되었느니라 그가 오늘날 너희에게 복을 내리시리라 (30)이튿날 모세가 백성에게 이르되 너희가 큰 죄를 범하였도다 내가 이제 여호와께로 올라가노니 혹 너희의 죄를 속할까 하노라 하고 (31)여호와께로 다시 나아가 여짜오되 슬프도소이다 이 백성이 자기들을 위하여 금신을 만들었사오니 큰 죄를 범하였나이다 (32)그러나 합의하시면 이제 그들의 죄를 사하시옵소서 그렇지 않사오면 원컨대 주의 기록하신 책에서 내 이름을 지워 버려주옵소서 (33)여호와께서 모세에게 이르시되 누구든지 내게 범죄하면 그는 내가 내 책에서 지워버리리라

거룩하신 하나님, 할렐루야. 아멘.
이들에게 진노하심을 감사하나이다.

모세는 오늘 여기까지 나와 대화하였다.
오늘은 그래도 많이 대화가 된 셈이다. 기쁘다. 그리고 나는 내려왔다.

08

모세가 크리넥스통을
가지고 나타나다.

(2014. 6. 22)

보통 때와 같이 천사들의 도움을 받으면서 천국에 올라갔다.

두 천사의 도움을 받아서 나는 수레에서 내려 주님께로 인도함을 받았는데 곧 모세가 크리넥스통을 가지고 나타났다.

왜냐하면 내가 또 자기 때문에 울 줄 알고서.....

요즘에 모세와 대화가 열렸다가 안 열렸다가 한다.

왜 우냐? 내가 모세와 대화가 열리지 않아서 속이 상하여 자꾸 우는 것을 알기 때문에 이번에는 아예 크리넥스통을 가지고 나타나서 나에게 주는 것이었다. 눈물을 닦으라고.....

나는 이 상황이 좀 우습게 생각되었다. 모세는 아예 자기와 내가 대화가 안 될 줄 알고 그러면 또 내가 울 줄 알고 크리넥스통을 아예 갖고 나타난 것이었다.

오늘 나의 상태를 모세가 미리 알고 있는 것인가?

자기와 대화할 상태가 아니라는 것을?

예를 들어서 충분히 거룩하지 않다는 둥, 너무 아는 체한다는 둥, 말씀을 받을 자세가 안 되어 있음을 알기에 크리넥스통을 갖고 나타났으리라.

아니나 다를까 나는 천국에 올라가기는 올라갔으나 정작 모세와는 대화하지 못하고 내려왔다.

보통 내가 천국에 가면 나보다도 주님이라든지 혹은 믿음의 선진들이라든지 그들이 내게 천국이 계속 열리도록 도와주는 편이다. 내가 조금 모자라도 부족하여도.........

즉 예를 들어 그들이 대화를 이끌어 나간다든지, 아니면 나를 데리고 어디로 간다든지....... 등등 말이다.

그런데 모세는 다른 믿음의 선진들과는 전혀 다르다. 나를 대하는 것이..... 몇 시간씩 기도하여 겨우 천국에 올라가도 몇 번을 올라가도 모세와 대화하지 못하고 내려오는 경우가 허다하였다.

그러면 나는 매우 속이 상했다. 안타까웠다. 왜일까? 왜일까? 하면서 말이다. 주여!

그런 일이 몇 번씩 있고 나서 나는 지상에서 주님께 매달리고 매달리면서 기도하였다. 제발 모세와 대화가 열리게 도와달라고 말이다. 그렇게 겨우 기도하고 나면 천국에서 겨우 한 번 정도 모세와 대화가 열릴까 말까였다.

그러나 이번에는 내가 천국에 올라갔는데 아예 대화가 안 열릴

것을 알고 모세가 먼저 크리넥스통을 갖고 나타났다.

대화가 안 열려 내가 울 줄 알고서 말이다.

그런데 그가 오늘 크리넥스통을 갖고 나타난 그것이 나에게는 별이상히 느껴지지 않았다. 왜냐하면 나는 모세 때문에 많이 울었으니까.....

그럴 수도 있다고 생각되었다. 비록 자기 때문이지만.

그럼에도 불구하고 모세 앞에서 울고만 내려왔다. 주여!

09

주님께 원망 불평하는 자들이
가는 지옥을 보고 내려오다.

(2014. 6. 23)

　나는 천국에 올라가기 전에 하는 기도 시간에 앉아서 실컷 2 시간 동안 주님께 원망 불평만을 늘어놓았다.

　왜냐하면 천상에서 모세와 대화가 잘 열리지 않는 것에 대한 원망과 불평을 주님께 늘어놓았다.

　왜 주님께 원망하고 불평을 하였냐면 내가 보기에 천국에서 꼭 주님이 모세의 눈치를 보는 것 같아서였다.

　모세에게 그냥 '사라와 대화하거라' 하고 명령 한 마디만 하시면 될 것을, 이것은 내 생각이다. 그런데 주님은 모세에게 이렇게 말씀하셨다. '사라를 울리지 말거라' 하고. 나는 내 생각에 왜 나와 대화를 잘 열지 아니하는 모세를 나무라시지 않고 왜 그렇게 간접적으로 말씀하시는가에 대한 원망과 불평이 막 올라왔다. 그렇게 실컷 주님을 두 시간동안 원망하고 불평하고 천국으로 올라갔다.

　수레바깥에 나를 수호하는 천사가 말한다.

"주인님 어서 오세요. 주님이 기다리십니다."
이 수호천사는 나를 태운 마차가 황금진주 대문 앞에 이르자
그 문 앞에 서 있는 천사들에게 이렇게 또 명령한다.
"문을 여시오"
그러면 그 문 앞에 서 있는 날개 달린 두 천사는 '오 사라님 오셨
다.' 하면서 천국 대문을 활짝 열어 제친다.

그런데 오늘따라 천국에서 나를 수레에서 수종들어서 나를 주님
께로 인도한 천사들이 오늘은 완전무장을 한 갑옷을 입은 자들이
다. 보통 때에는 흰 날개 달린 두 천사가 나의 손을 하나씩 잡고 주
님께로 나를 인도하는데 왜 오늘따라 이렇게 갑옷으로 완전무장한
두 천사가 마차에서 내리는 나를 수종 하는지 참으로 의아하여 하
였다. (이 이유는 나중에야 밝혀졌다.)
어쨌든 그 두 갑옷 입은 천사들이 나를 팔을 하나씩 잡고 나를 주
님께로 인도하였다.
내가 수레에서 내릴 때에 이렇게 갑옷으로 무장한 천사가 나를
주님께로 인도하는 것은 처음이었다.
내가 주님께로 가자 주님은 내게 이렇게 말씀하신다.
"너는 내 것이라"
할렐루야. 나는 이렇게 화답하였다. "나는 주님의 것입니다"
주님과 나는 길을 걸어갔다.
길옆의 조그만 바위들이 길옆으로 쭉 나열되어 있는데 모두가 다
투명한 보석으로 되어 있다. 길을 걸으면서 나는 주님의 옆구리에

기대어 꼭 붙어서 걸었다. 주님의 품이 포근했다.

주님이 오른 팔을 내 어깨에 감아 주신다.

그렇게 하여 걷고 있는데 흰 날개 달린 두 천사가 구름을 갖고 왔다. 주님이 나를 데리고 구름을 타셨다.

구름을 가지고 온 그 두 천사들도 우리 뒤쪽으로 구름위에 구름을 타고 있었다.

나는 주님이 어디로 가시나 했는데 오른쪽 높이 비스듬히 날아가서 회의실로 가신다.

대개는 그 회의실에 믿음의 선진들이 모이는데 오늘은 아무도 없다. 주님이 테이블 머리에 즉 주님의 자리에 앉으시고 나는 이 회의실에서는 보통 내 자리는 주님의 왼편 앞쪽인데 오늘은 내가 주님의 오른편에 앉았다.

그리고 곧 모세가 들어와서는 주님의 왼편 앞쪽으로 앉는 것이었다. 아니 나는 오늘 모세가 왜 여기에 오지? 하고 궁금해 하고 있는데 주님이 테이블 위의 질긴 천을 한쪽 손으로 그 중앙을 집어 들어서 다른 한 손으로는 가위를 가지고 그 정중앙선을 쭉 찢으셨다. (보통은 테이블 위가 대리석으로 되어 있는데 오늘따라 테이블 위가 질긴 천으로 되어 있었다.)

그리고 모세와 나는 주님이 하시는 일을 그냥 지켜보고 있었다.

그랬더니 그 찢어진 천 안으로 저어기 멀리 깊고 깊은 곳이 보이는데 오 마이 갓!

그 안에는 수많은 사람들이 다 벌거벗은 채로 검푸른 진흙구덩이 연못 같은 곳에서 아우성을 치며 고통을 받고 있었다.

나는 '도대체 이것이 무엇인가?' 하고 궁금해 하니 곧 그곳은 주님께서 나에게 알게 하시기를 바로 원망 불평하는 자들이 가는 지옥이라고 말씀하시는 것이 알아졌다. 오 마이 갓!

나는 천국 올라오기 전에 기도 속에서 얼마나 주님께 모세 때문에 원망 불평을 많이 하였는지 모른다. 주여!

그랬더니 주님이 지금 천상에서 나에게 그것도 모세가 함께 하고 있는 자리에서 원망 불평하는 자는 이러한 지옥에 간다는 것을 나에게 보여주시는 것이었다.

오 마이 갓!

나는 마음속으로 주님께 말했다.

"아이구. 주님 제가 정말 잘못했어요. 그나마 내가 주님이 모세와 대화할 수 있게 자리를 펴 주시는 것만 하여도 그것에 대하여 감사치 못하고 오히려 모세와 대화가 잘 안 열린다하여 주님께 원망 불평하였던 저를 용서하여 주세요..." 라고 급속히 진심으로 빌었다.

그리고 나니 그 테이블 위는 다시 그러한 질긴 천이 아니라 딱딱한 자개와 같이 아름다운 테이블로 변하는 것이었다.

할렐루야.

그런 후에 주님과 나 모세가 그 다음에 그렇게 그 테이블에 그렇게 말없이 앉아 있었다.

그러고 나서 나는 천상에서 내려왔는데 오늘은 이렇게 주님으로부터 모세 때문에 원망 불평하면 안된다하는 메세지를 받고 내려온 것이다. 할렐루야. 주님, 이제는 원망 불평하지 않겠습니다.

내려와서 생각하여 보건대 처음에 내가 수레에서 내릴 때에 완전 갑옷 무장한 천사들이 왜 나타났는지가 이제 이해가 갔다.

갑옷으로 완전 무장한 천사들은 내가 지옥을 갈 때면 꼭 나타나곤 하였다.

즉 그들이 오늘 나타난 이유가 바로 오늘 주님이 테이블 위에 저 아래에 있는 지옥을 보여주셨기 때문이었다.

그래서 늘 그랬듯이 나를 지옥으로 인도할 때면 갑옷으로 무장한 천사들이 나타난 것처럼 그들이 나타난 것이 알아졌다.

그리고 테이블 위의 천을 주님이 가위로 쭉 찢으니까 그 안쪽으로 지옥의 장면이 보였던 것이다.

이것이 도대체 어떻게 가능한 것일까? 나는 모른다.

어쨌든 천국에서는 불가능이 없다.

할렐루야.

⑩
40이라는 숫자의 의미를 알게 되다.

(2014. 6. 24)

천국에 올라갔다.

천사 두 명이 날 데리러 왔다.

하나는 바깥에 하나는 수레에 타고 수레를 모는 천사다.

흰 두 말이 모는 수레인데 바깥은 옥색 진주로 되어 있고 그 가장 자리로 황금으로 장식되어 있는 수레이다. 수레에 타니까 안이 조금 바뀌어 있다. 더 넓어졌다. 의자가 한쪽으로만 놓여 있었는데 이제는 앉는 자리가 전후로 되어 있었다.

즉 내가 이편(말 쪽에 가까운 쪽)에 앉으면 주님은 저 맞은 편 의자에 앉아 계신다.

오늘은 주님이 수레를 탈 때부터 앉아 계셨다. 주여!

그리고서는 주님과 나는 천국에 도착하였다.

천국대문도 하얀 옥색 진주로 그 바깥에 황금색으로 장식이 되어 있는데 거기에 두 천사가 우리를 맞이하였다. 이 두 천사들은 흰 날개를 가진 천사들이다.

수레가 천국 안에 도착하여 주님과 나는 수레에서 내려서 길을 걸어가고 있는데 마리아가 구름을 타고 왔다. 마리아는 그 머리에 다이아몬드 면류관을 쓰고 있었다. 또 조금 있다가 베드로가 왔다.

우리 모두는 구름을 타고 마리아의 집에 갔다.

마리아의 집 뒤쪽으로는 porch 가 있는데 거기에는 우산처럼 생긴 큰 파라솔이 아름답게 아래로 드리워져 있었고 그 파라솔의 지붕색깔은 상아색이며 그리고 거기에다가 가장자리에 황금색으로 장식이 예쁘고 아름답게 되어 있었다.

그리고 밑에 있는 테이블도 동일한 상아색으로 되어 있었다.

베드로와 마리아가 저쪽 편으로 앉고 예수님과 내가 이편으로 앉았다. 우리는 식탁에서 무엇을 먹었다.

마리아는 스테이크를 잘라 먹고 있었고 베드로는 옥수수알 등 샐러드를 먹고 있었고 나는 양배추 샐러드와 함께 돈까스를 먹고 있었다. 주님은 꽁치 비슷한 생선을 드시고 계셨다. 나는 지금 이것을 우습다고 생각하면서 열거하고 있다.

오늘은 이상하게도 천국에서도 지상에서 먹는 음식을 먹을 수 있다는 것을 일부러 드러내는 느낌이 들었다. 하기야 주님께서도 부활하신 몸으로 디베랴 바닷가에서 떡과 생선을 제자들과 함께 드셨다.

천국에서도 먹을 때 기분은 참으로 좋았다. 지상에서도 먹을 때는 참 기분이 좋은데 천국에서도 먹을 때는 참으로 기분이 좋다. 그렇게 먹고 나서 나는 어떤 생각이 들었냐면 지금 마리아와 베드로는 나를 응원하기 위하여 나타난 것이었다.

내가 모세 때문에 힘들어 하니까 두 분은 나를 응원하기 위하여 오늘 나타난 것이다. 할렐루야! 나의 기분을 upgrade (상승) 시켜 줄려고 말이다. 주여!

우리는 그렇게 먹고 나니 참으로 기분이 좋아졌다.

그런 후에 주님과 나는 마리아와 베드로를 뒤로 두고 구름을 타고 모세를 만나는 장소로 갔다.

그곳은 모세를 만나 대화하기 위하여 우리가 늘 가는 곳이다.

큰 궁안의 광장과 같은 곳 말이다. 그곳에는 긴 테이블이 있다.

주님이 주님의 자리에 내가 주님의 오른편에 그리고 모세가 주님의 왼편에 앉았다.

그리고 모세가 주님께 인사를 했다.

그러고 나서 모세는 나에게 질문을 하였다.

성경이 몇 권으로 되어 있냐고?

나는 마음속으로 대답했다. 66권.

구약이 39권, 신약이 27권이라 했다.

그런데 구약이 39권이라 말할 때에 40에서 꼭 하나 모자란 39라는 생각을 할 때에 나에게는 불현듯 40이라는 숫자가 떠올랐다. 그러면서 다음과 같은 질문으로 연결되었다.

아하! 그렇지 40이 왜 40이지? 하는 것 말이다.

사도 바울이 매를 맞을 때에 40대에서 하나 감한 매를 맞았는데 그래서 39대를 맞았다. 그것은 40대를 때리면 죽을까보아서 그런 것이다.

그렇다. 그러면 40이라는 숫자는 도대체 어떤 의미를 갖고 있는가 하는 것이었다.

40이라는 숫자가 완전 숫자인가? 40이라는 숫자는 도대체 어떤 의미를 갖고 있지? 하는 의문이 생겼다.

40일 금식을 주님도 모세도 했다.

40년 광야 생활을 이스라엘 민족이 가나안 입성하기 전에 했다.

40년 동안 모세가 미디안 광야에서 훈련 받았다.

40년 동안 다윗이 왕위를 유지 했었다.

이 모든 40이라는 숫자가 의미하는 것이 도대체 무엇인가 하는 것이었다.

즉 모세가 나에게 성경이 몇 권으로 되어 있냐고 물을 때에 나에게 이 의문이 내 안에서 생겨난 것이다.

그래서 나는 모세에게 이 40의 의미를 가르쳐 달라 했다.

주님과 모세가 서로 눈짓을 한다. 모세가 주님께 '가르쳐 줘도 됩니까?' 하는 것처럼.

그러고 나서 모세가 마음으로 나에게 말을 했다.

내 손바닥을 보라고.

그런데 왜 손바닥을 보라는 것이지?....

나는 이 40이라는 숫자와 내 손바닥과 무슨 관계가 있는지 알 수가 없었다.

나는 늘 하나님의 창조를 생각할 때에 하나님께서 나에게 손바닥을 보라고 한 적이 많다.

나는 하나님이 창조하신 내 두 손바닥을 보고 있으면 두 손바닥이 얼마나 똑같이 기계처럼 닮았으며 또한 거기에는 얼마나 많은 주름이 있고 또 그 마디마디마다 하나님의 창조의 솜씨가 드러나는지 감탄하곤 하였다.

그래서 나는 내 두 손바닥을 펴고서 살펴볼 때마다 나는 그분의 창조성의 완전함에 놀라곤 하였다. 또한 그 손바닥의 주름이 이 세계의 70억 인구 중에 똑 같은 자가 없이 개개인이 다 틀리고 또 우리 인간들은 주님이 주신 이 두 손으로 얼마나 많은 문명을 이루어 왔는지 감탄할 뿐이다.

그래서 나는 주님이 만들어 주신 나의 두 손바닥을 쳐다보면서 하나님의 창조의 솜씨에 정말로 감탄하곤 했었다. 그의 완벽성에 말이다.

그런데 내가 40이라는 숫자의 의미를 물었을 때 모세는 나에게 내 두 손바닥을 쳐다보라는 것이었다. 그럼에도 나는 잘 깨닫지 못했다. 무슨 의미인지 잘 모르겠다고 생각했다.

같은 날 두 번째 천국에 올라갔다.
주님과 나 그리고 모세가 모세의 궁 안의 광장에 놓여 있는 테이블에 와서 앉았다.

　이번에는 주님이 테이블 머리에 앉지 아니하시고 오히려 내 옆에 와서 앉아 주셨다. 그 이유는 내가 모세만 보면 스트레스를 받는다는 것을 알고 계셨기 때문이다. 나는 모세만 보면 스트레스를 받는다. 혹이라도 그가 오늘도 나와 대화를 열지 아니할까보아 그렇다.

　그것을 알고서 주님은 오늘 아예 내 옆에 와서 앉아 주신 것이다. 나를 격려하기 위함이다. 그리고는 또 사기가 죽어 있는 나를 격려하기 위하여 테이블 위에 쇼가 일어났다.

　즉 갑자기 테이블 위에 공중으로 이쁜 점박이 사슴이 나타나 그 큰 눈으로 나에게 인사를 깜박거리며 지나가는 것이었다.

　그 사슴은 인형 같이 조그만한 사슴이었다. 그러나 수탉보다는 조금 컸다. 그 사슴은 특별히 나에게 인사를 하고 지나갔다.

　그 다음은 샛노란 손바닥만한 새가 와서 나에게 인사를 하고 지나갔다. 그 다음은 분홍색 코끼리가 와서 인사하고 지나가고 그 다음은 곰이 와서 인사하고 지나갔다. 그리고 마지막으로는 노란 병아리들이 와서 인사하고 지나갔다.

　아! 나는 내 입에서 감탄사가 나왔다. 아! 너무 예쁘고 재밌다.

　즉 나는 이것으로 기분이 많이 풀렸다. 모세 때문에 기분이 가라앉아 있는 것이 훨씬 기분이 가벼워지고 좋아진 것이다. 주여!

　그리고 나서 나와 모세와의 대화가 시작되었다.

　그것은 역시 아까 나에게 완전히 풀리지 않았던 40이라는 숫자에 대한 의미였다.

모세는 역시 이 40이라는 숫자의 의미가 내 두 손바닥과 연관되어 있다고 했다. 그럼에도 불구하고 나는 깨닫지 못했다.

40이라는 숫자와 내 두 손바닥. 그리고 그 이상의 말씀이 내게 주어지지 아니하였다. 그리고 나는 내려와야 했다.

내려와서 나는 생각하여 보건대 아무래도 40이라는 숫자는 완벽, 완전이라는 의미를 가졌다는 생각이 들어왔다.

왜냐하면 나는 늘 내 두 손바닥을 보면서 하나님의 창조성의 완벽함에 감탄하곤 했던 나였기 때문이다.

그러므로 40이라는 숫자는 완전, 완벽이라는 뜻의 숫자로서 쓰여졌을 가능성이 많은 것이다.

왜냐하면 주님이 늘 자신의 창조의 완벽을 나타내려 할 때에 나에게 늘 내 두 손바닥을 보라고 하셨기 때문이다.

아하! 할렐루야! 이제 알겠다.

그래서 내가 40이라는 숫자의 의미를 물었을 때에 모세가 내 두 손바닥을 보라고 한 것이구나. 이해가 되어졌다.

할렐루야! 아멘.

가르쳐 주시는 주님을 찬양합니다.

⑪ 주님은 내가 성경에 관하여 5권의 책을 써야 할 것을 말씀하시다.

(2014. 6. 25)

기도 후 천국에 올라갔다.

늘 나를 데리러 오는 두 천사, 천국대문에 문 열어 주는 두 천사, 내가 마차에서 내릴 때에 나를 수종하는 두 천사를 만났다.

그리고 주님과 나는 구름을 탔는데 그 위에는 의자가 마련되어 있어서 주님과 나는 의자에 앉아서 구름을 타고 천국에 있는 나의 집으로 이동하였다.

천국에 있는 나의 집의 황금대문이 보이고 흰 옷 입은 날개달린 두 천사가 그 앞에 있다가 문을 활짝 열어준다.

그러자 나의 집에 있는 넓은 정원이 보이고 저번에 주님께서 나에게 선물하여 준, 즉 꼭 노아의 방주같이 생긴 작은 배인데 크기는 당나귀 사이즈만한 크기의 순 황금 배를 나에게 선물하여 주심으로 말미암아 내 집의 정원의 연못이 아주 크게 되어 버렸다. 그 크기는 큰 호수의 약 1/3 정도의 크기이다. 개인집에 이만한 연못의 크기는 상당히 큰 크기이다. 주님과 나는 그 연못을 가로질러 갈 수 없으므로 위로 건너갈 수 있게끔 아름다운 구름다리가 생겼다.

주님과 나는 그 연못 위로 가로지르는 구름다리를 건너서 나의 집 현관문 앞에 이르렀다. 또 현관문 앞에 지키고 서 있는 두 천사를 만나고 그리고서는 현관문을 거쳐서 내 집 안쪽으로 들어왔다. 오른쪽 저편으로 아름다운 침실이 보였다.

거실의 왼쪽 편으로는 순 황금테이블이 놓여 있었고 거기에 주님과 내가 앉았다.

주님이 앉는 의자는 내가 앉는 의자보다 좀 더 크고 등받이가 높은 더 아름답고 웅장하여 보이는 순 황금의자이다.

주님과 내가 의자에 앉자 내 집안에 있는 천사가 분홍색과 살색의 중간색깔의 책 표지를 한 책 5권을 테이블 위에 쌓아 놓는다. 주여!

주님이 하시는 말, "네가 이것을 써야 한단다."

나는 속으로 '주님, 5권은 너무 많아요, 3권만 쓰면 안 되나요?' 하는 마음이 생겼다. 그런데 주님은 5권을 고집하시는 것이었다.

그리고서는 주님과 나는 나의 집을 나와서 다시 천국의 입구쪽으로 와서 모세를 만나는 장소 그 큰 궁의 광장으로 갔다.

주님이 테이블 머리에 앉으시고 나와 모세가 각자의 자리에 앉았다. 그리고 테이블 위에는 언제 갖다놓았는지 순식간에 성경책이 펴졌다.

출애굽기 쪽으로 갔다.

개구리 재앙, 이 재앙, 파리 재앙 등이 애굽에 쏟아진 부위였다.

여기서 아론이 모세의 지팡이를 가지고 이러한 재앙을 하나님으로부터 오게 하였다.

주님은 이때에 아론이 말로 명령하였음을 알게 하셨다.

예를 들어서 '애굽에 있는 모든 개구리는 하수에서 나와 바로의 궁과 모든 애굽 사람들의 집에 들어갈지어다.' 이렇게.....

또 '티끌은 이로 변할지어다' 이렇게....

또 '파리들은 또 다 어떻게 할지어다' 이렇게.....

그러므로 하나님이 그렇게 하라고 명령이 떨어졌으면 그때부터는 우리가 그렇게 되라고 명령을 할 때 그 일이 그대로 일어난다는 것을 알게 하여 주셨다.

할렐루야. 아멘!

12

모세가 두 손을 하나님을 향하여 들 때 천사들이 여호수아를 도와 아말렉을 이기게 하였다.

(2014. 6. 25)

천국에 올라갔다.

주님이 나를 맞아 주셨고 주님과 나는 벌써 주님의 보좌 앞에 도착하였다. 그리고 주님이 주님의 자리에 좌정하시고 나는 내 자리 주님의 왼편 앞쪽에 마련되어 있는 내 의자에 앉았다. 내 의자는 천사들이 서 있는 쪽에 있었다.

그리고 주님의 오른편에 금홀을 가진 에스더가 나타났고 주님의 왼편에는 황금지팡이를 가진 모세가 나타나서 섰다.

그리고 갑자기 주님의 앞쪽으로 왼쪽으로 더 가까이 즉 내편으로 가까이 직사각형 테이블이 주님 쪽에서 볼 때에 약 2-3m 떨어져서 전후로 길게 놓여졌다.

그리고 그 위에는 분홍색 껍질로 된 내가 써야 할 책이 1, 2, 3, 4, 5가 놓여졌다. 포개진 것이 아니라 나열되듯이 테이블 위에 놓였다.

주님은 그것에서 넘버 2, 즉 두 번째 책이 모세를 통하여 밝혀지는 것으로 모세와 함께 써야 할 책이라 말씀하신다.

　그리고 주님이 모세를 보고 말씀하셨다.

　'사라를 도우라고……'

　모세는 주님께 그렇게 하겠다고 했다.

　그리고 에스더는 마음으로 나에게 말했다.

　내가 모세와 함께 책을 쓰는데 있어서 내가 죽으면 죽으리랏다해야 한다는 것이다. 그래서 에스더가 이 말을 하려고 나타났다는 것을 알 수 있었다.

　나는 그 테이블 위에 놓여 있는 두 번째 책을 들었다.

　그리고 주님과 나 모세는 보통 우리가 가서 대화하는 궁으로 갔다. 그 궁전안의 광장에 테이블에 앉은 것이다.

　모세와 나는 모세가 손을 들면 여호수아가 아말렉과의 전쟁에서 이기는 장면의 성경으로 갔다.

　주님은 이 이야기를 모세가 기록하여 여호수아의 귀에 들리게 하라고 말씀하신 부위이다. 그리고 이 이야기는 영적전쟁에 대한 이야기이다.

　주님이 여기서 나에게 알게 하시는 것은 모세가 하나님께 두 손을 들고 하늘을 향하여 기도할 때에는 하늘에서 천사들이 내려와서 그 전쟁을 이기게 하였지만 모세의 손이 피곤하여 내려오면 천사들의 활동이 멈추었다는 것이다.

주여!

모세가 피곤하여 손을 내리게 되면 (하나님을 의지하는 기도를 쉬게 되면) 천사들의 활동이 멈추어져서 여호수아는 아말렉에게 졌다는 것이다. 이것이 영적 전쟁의 비밀인 것이다.

그래서 우리는 기도하지 않는 죄를 범치 말아야 하는 것이다.

영적으로 보면 아말렉은 이스라엘 민족을 대적하는 사단인 것이다. 왜냐하면 여호와 하나님께서 아말렉과는 대대로 싸우시겠다고 하셨는데 하나님께서 그렇게 대대로 싸우는 대적은 결국 사단이기 때문이다.

[출 17:16]
가로되 여호와께서 맹세하시기를 여호와가 아말렉으로 더불어 대대로 싸우리라 하셨다 하였더라

주여!

사단의 힘은 사단이 영적인 존재이므로 인간보다 세다.

그래서 우리는 이 사단의 힘을 주님께 기도할 때에 이길 수 있는 것이다.

여기서 나에게 두 손의 의미가 명확하여졌다.

그것은 이 두 손은 하나님을 향하여 들고 있는 마음의 두 손이었다. 주여!

우리 이 마음의 두 손을 하나님께 들고 있으면 우리는 언제나 승리하지만 하나님을 향하여 들고 있었던 이 마음의 두 손을 언제든지 내리기만 하면 우리는 사단과의 영적전쟁에서 반드시 지게 되어 있는 것이다.

왜냐하면 우리는 이 마음의 두 손이 내려오는 순간 우리는 내가 나타나고 내가 하려 하고 주님이 나를 위하여 싸우게 하는 것이 아니라 내가 싸우려 하므로 지게 되는 것이다.

할렐루야.

[출 17:11-14]
(11)모세가 손을 들면 이스라엘이 이기고 손을 내리면 아말렉이 이기더니 (12)모세의 팔이 피곤하매 그들이 돌을 가져다가 모세의 아래에 놓아 그로 그 위에 앉게 하고 아론과 훌이 하나는 이편에서, 하나는 저편에서 모세의 손을 붙들어 올렸더니 그 손이 해가 지도록 내려오지 아니한지라 (13)여호수아가 칼날로 아말렉과 그 백성을 쳐서 파하니라 (14)여호와께서 모세에게 이르시되 이것을 책에 기록하여 기념하게 하고 여호수아의 귀에 외워 들리라 내가 아말렉을 도말하여 천하에서 기억함이 없게 하리라

또 이 두 손은 중보의 기도의 의미가 있다.

한 사람의 기도가 지치면 다른 사람이 take over해도 (이어 받아도) 된다는 것이다.

언제나 어떠한 영적 전쟁에 있어서 항상 마음의 두 손을 하나님께 즉 주님께 올리고 있을 수 있도록 우리는 노력하여야 할 것이다. 그리할 때에 하나님께서 우리로 승리하게 하실 것이다.

할렐루야. 아멘.

13
주님이 축사사역을
기뻐하시다.

(2014. 6. 27)

밤에 교회에서 기도하다가 집으로 올라와서 침대에 누웠다.

누운 채로 천국에 올라갔다.

나를 데리러 온 수레 뒤쪽으로 줄줄이 어린이 전차들이 달려 있었다. 그 어린이 전차의 숫자는 약 15-20개 정도로 보였다. 이렇게 줄줄이 달린 전차들과 함께 나를 태운 수레는 황금진주 대문을 거쳐서 천국 안으로 들어왔다.

오늘은 주님이 황금대로 우편인 저편에서 나를 기다리시는 것이 아니라 왼편 이쪽으로 오셔서 나를 맞아 주시는 것이었다.

전차에서 내리는 아이들은 모두가 다 어린 아기 천사들이었다.

뒤쪽에 다 날개가 달렸다.

그런데 이 아이들은 팬티만 입은 귀여운 아기천사들이다.

그들은 손에 줄이 달린 깡통 비슷한 것들을 들고 있다.

그 깡통같이 생긴 것 주위의 장식이 매우 아름다웠다. 그리고 그 안에는 꽃잎들이 들어 있었다. 그래서 그들은 주님과 내가 가는 길 앞쪽으로 그 꽃잎들을 우리 위에서 따라오면서 뿌려주었다. 나는 이 광경을 보고 기뻐하고 또 기뻐하였다.

주님과 내가 간 곳은 주님의 보좌 앞이었다.

아기 천사들이 몇몇이 따라와 우리 앞으로 계속 꽃잎을 뿌려주었다. 내가 주님 보좌 앞에 꿇어 엎드렸고 주님 양쪽에는 두 명의 흰 옷 입은 천사들이 보좌했다.

그들의 날개는 다른 천사들보다 훨씬 컸고 위엄이 있어 보였다.

나는 이 OO목사님에 대하여 주님께 물어보았다.

이제 뒷머리에 들어와 있는 악한 영들이 다 나갔냐고......

왜냐하면 요 근래에 그분을 만나서 뒷머리에 들어 있는 악한 영들을 예수 이름으로 쫓는 기도를 해드렸기 때문이다. 즉 축사사역을 한 것이다. 그리고 그 영이 나가는 것을 내가 보았기 때문이다.

내가 그렇게 주님께 묻고 있는데 빨간 넥타이를 맨 군청색의 양복을 입은 이 OO목사님이 실제로 걸어 들어오는 것이었다. 그리고 그분은 주님 앞에 꿇어 앉았다.

그랬더니 주님이 말씀하신다.

'너는 내 종이라.'

그런 후 천사가 쟁반에 생명수 물을 담아 와서 그 목사님 머리 뒷부위에다가 붓는 것이었다. 나는 그것이 즉시 생명수 물이라는 것을 알았다.

나는 순간 그 목사님의 옷이 젖지 않을까 하고 걱정하였으나 천국에서 그러한 걱정은 할 필요가 없는 것이었고 젖는다고 해도 별로 중요한 것이 아니었다.

나는 천사가 그 목사님의 뒷머리에 생명수 물을 갖다가 붓는 것을 보고 아하! 이제는 그 목사님의 병적인 상태가 확실히 호전되겠구나 하고 알아졌다.

할렐루야.

그 후 그 목사님을 만났다. 상태가 많이 호전되어 있었다.

처음 만났을 때보다 훨씬 더 좋아지셨다.

할렐루야. 하나님이 하신 것이다.

14

주님께서는 OO출판사에서 빼자하는 베리칩에 대한 이야기를 천국지옥간증 제 1권에서 빼지 말라고 하시다.

(2014. 6. 28)

천국에 올라가는 수레 안에 벌써 주님이 타고 계셨다.

요즘에 나를 데리러 오는 수레의 안의 구조가 바뀌어져 있었다.

이전에는 수레 안쪽에 한쪽으로만 앉는 자리가 있었는데 이제는 수레 안에 앞뒤로 이쪽저쪽 다 앉는 자리가 있다.

주님이 안쪽에 앉았고 나는 그 반대편에 앉았다.

나는 주님을 보자마자 내 눈에 눈물이 하염없이 흐르고 있었다.

주님께 용서를 바라는 눈물 혹은 주님 뜻대로 살지 못하는 죄송함의 눈물 그런 눈물이었다.

아니 주님의 마음을 아프게 하여 드린 것에 대한 회개의 눈물이기도 했다. 사랑하는 님의 마음을 아프게 한 눈물 말이다. 그러지 말았어야 했는데 하는.....

주님이 그 눈물을 보시고 '사라야' 하고 나지막이 부르신다.

나는 말했다. "주님 제가 잘못했어요...." 하면서 나는 내 두 손으로 뺨으로 흐르는 눈물을 훔쳤다.

그러는 사이에 이미 마차는 언제 올라왔는지 황금진주 대문을 통과하여 벌써 천국 안에 도착하여 있었다.

주님과 나는 마차에서 미끄러지듯이 내려와서 어느새 구름을 타고 있었다. 얇고 넓은 구름으로 위로 향하여 비스듬히 한없이 올라가는 듯이 있는 구름이었다.

주님은 나를 데리고 저 멀리 가고 싶어 하셨다. 꼭 둘이만 있게끔.... 그러는 사이에도 나는 계속 울고 있었다.

'주님 잘못했어요, 제가 잘못 생각했어요. 주님 저를 용서하여 주세요. 제가 잠시 사단에게 속았어요.' 라고 말하면서 말이다.

주님과 나는 구름을 타고 어디론가 왔다.

주님이 저기를 보라 하신다.

어느새 지구가 새까맣게 보인다. 왜 그렇게 까맣게 보이는지.......

그러나 거기서 흰 옷 입은 자들이 각각의 골방에서 자신 앞에 책을 작은 책상위에 놓고 그 옆에서 무릎을 꿇고 하나님께 기도하고 있는 모습이 여기저기서 보이는 것이었다.

가만히 자세히 들여다보니 내가 쓴 책을 책상위에 놓고 하나님께 기도하고 있는 것이었다.

즉 천국지옥간증 제 1권에서 베리칩에 대한 이야기가 쓰여졌는데 그것을 읽고 각 사람들이 하나님 앞에서 기도하고 있는 모습이었던 것이다. 주여!

그들은 하나님께 이렇게 기도하는 것이 알아졌다.

'주님 저는 절대로 이 칩을 받지 않겠습니다' 하고...

주님이 내게 말씀하신다.

내 책이 나가면 이렇게 마지막 때에 순교할 자들을 준비시키게 될 것이라고...

오 할렐루야! 주님을 찬양합니다!

그리고 또 말씀하시기를 천국지옥 간증 제 1집 즉 진초록에 금장 색한 무늬의 책과 천국지옥 간증 제 2집인 진빨간색에 금장색한 무늬를 한 두 번째 책, 이 두 권을 내게 보여주시면서 하시는 말씀이 '이 책들은 나의 책들이란다.' 라고 말씀하신다.

할렐루야. "맞습니다. 주님, 이 책들은 바로 주님의 책들입니다."

이틀 전에 출판사 사장님과 옥신각신 하였다.

그 사장님은 장로님이신데 제 1권에서 내용상의 문제가 있으니 지금 출판하기 전에 검토하고 계시다는 것이다. 그 문제라고 하는 것은 바로 베리칩에 대한 이야기와 큰 교회 목사님들이 쇠창살 안에 들어 있는 그 내용을 빼자는 것이었다.

전략상 제 1권에서는 베리칩에 대한 이야기를 빼고 제 2권에 넣자는 것이었다. 왜냐하면 이 베리칩 문제를 제 1권에서 건드리면 많은 사람들이 제 2권을 읽지 않을 수 있으니 제 1권에서는 천국과 지옥간증만 하자는 것이었다. 그래야 서사라 목사님이 알려지지 않겠냐고... 그래야 두 번째 책도 읽는다는 것이다.

나는 그 장로님에게 말했다. '아니 주님이 주신 내용을 어찌 인간이 이렇게 저렇게 바꿀 수 있겠느냐?' 고 '나는 유명하여지는 것도 내 교회가 커지는 것도 다 관심이 없고 오직 주님께서 나에게 주신 것을 전하는 나팔수 역할만 하면 된다.' 고 말씀을 드렸다.

그런데 그 출판사 사장님은 좀처럼 양보하지 않으려 하셨다.

사람들로 하여금 서사라 목사가 천국과 지옥을 보고 있다는 것을 확실하게 해놓고 그 다음 제 2권에서 베리칩에 대한 이야기를 즉 주님으로부터 받은 이야기를 하면 더 좋지 않겠는가? 하는 것이다. 어떻게 보면 일리도 있는 이야기인 것 같지만 아니었다. 처음에 내가 이 장로님의 제안을 들었을 때에 나는 이 제안에 대하여 조금 분노가 올라왔다. 왜냐하면 이런 이야기를 출판 계약을 하기 전에 처음부터 하였으면 분명 나는 이 출판사를 택하지 않았을 것인데 이제 다 원고 교정교열까지 보고 표지까지 정하여진 마당에 인쇄소 바로 넘기기 전에 책 내용에 대하여 브레이크를 거시는 것이었기 때문이다.

처음에 내가 원고를 제출하였을 때에 분명히 다 읽어보시고 출판 가치가 있어서 출판하시겠다고 하셔놓고는 이제 마지막 인쇄 직전에 이렇게 그것도 내용에 대하여 브레이크를 거시니 나는 처음 책을 출판하는 것이라 아무 것도 몰랐는데 이런 이야기를 할려면 처음부터 하셨어야지 지금 와서 이렇게 말씀하시다니..... 속이 좀 상했던 것이다.

그런데 아무리 기도하여도 나는 두 번째 책부터 베리칩에 대한 이야기를 넣자고 하시는 그 제안을 나는 또한 믿을 수가 없었다. 왜냐하면 그 때 가서도 또 브레이크를 걸지 않으리라고 누가 보장을 하겠는가 하는 것이다.

그래서 나는 그 제안을 받아들일 수 없다고 하였더니 그 장로님은 그러면 두 번째 책은 아예 제목을 베리칩으로 하자고 하셨다. 이 말씀에 나는 조금 마음이 움직여지는 것 같았다. 그런데 내가 기도의 자리에 앉아서 이것에 대하여 기도하는데 성령님이 매우 마음이 아프게 근심하심이 느껴졌다.

즉 제 1권 책에서 베리칩에 대한 내용을 뺀다고 생각하니 마음이 저려오고 무척 아팠다. 이럴 때 내 영은 이미 울고 있었다. 슬퍼서 말이다. 영은 참으로 민감하다. 그래서 이런 일 후에 오늘 내가 주님을 천국에서 만나니 얼마나 눈물이 쏟아졌는지 모른다.

'주님 잘못했어요. 잘못했어요. 용서하여 주세요.' 하면서 말이다. 나는 하염없이 흐르는 눈물을 주체할 수 없었다.

그러고 나서 나는 이 사실에 대하여 즉 출판사에서 베리칩에 대한 이야기를 제 1권에서 빼자고 한다고 어떤 목사님과 대화를 주고받았다. 그리하였더니 이 목사님도 노발대발했다. '왜 주님이 하시는 일을 인간이 어쩌고저쩌고 하냐고........'

맞다. 주님이 하라 하면 하는 것이지 우리 인간이 그 내용을 넣니 마니 해서는 안 된다는 것이다.

그래서 나는 제 1권 책에서 베리칩에 대한 이야기를 빼지 않고 인쇄하기로 결심하였다. 그리고 그 장로님과의 계약을 파기하고 새로운 출판사를 찾아서 책을 인쇄하기로 한 것이다.

그리하여 하늘빛 출판사를 찾게 되었다.

할렐루야. 주님이 이기셨습니다.

그래서 주님이 오늘 이 장면 즉 지구에서 흰 옷 입은 자들이 곳곳에서 내 책을 보면서 하나님 앞에서 기도하고 있는 모습을 보여주신 이유는 바로 나에게 베리칩에 대한 이야기를 꼭 천국지옥간증 제 1집에 꼭 넣어야 한다는 확신을 주시기 위함인 것을 알 수 있었다. 주여!

꼭 넣으라는 것이다. 할렐루야!

사단의 세력이 그 출판사 사장님을 앞세워서 베리칩에 대한 이야기를 못하게 하려고 천국지옥간증 제 1권에서 그 내용을 빼고 출판하자고 했던 것이다.

나는 잠시 사단에게 넘어갈뻔 하였던 것이다.

그러나 영락없다. 주님은 이 모든 것을 아시고 천국에서 바로 잡아 주시는 것이다.

할렐루야.

15

내가 18년 전에 하나님으로부터 들은 '내가 너를 모세와 같이 쓰리라' 하신 말씀을 밝혀 주시다.

(2014. 6. 28)

두 번째 천국으로 올라갔다.

나는 천국에서 주님께로 인도 되었고 주님과 나는 즐겁게 모세를 만나는 궁으로 들어가는 계단을 오르고 있었다.

거기에는 광장의 양쪽 천사들이 한 피켓을 아치 모양으로 이쪽 천정 끝에서 저쪽 천정 끝까지 연결하여 들고 있었는데 이 피켓은 까만색 바탕에 '베리칩은 666이다.' 라고 쓰여 있는 것이 보였다. 나는 그것을 당연하다고 생각하면서 힐끗 쳐다보았다. 그래도 다 보였다.

모세와 나는 오늘 특별히 주님이 앉으신 테이블 머리에 가까이 앉았다. 그랬더니 주님이 주님의 오른손으로 나의 왼손을 꼭 잡으시고 또한 주님의 왼손으로는 모세의 오른 손을 꼭 잡으셨다.

그리고서는 주님이 모세에게 말씀하셨다.

"사라가 강하여지도록 하라."

모세가 바로에게 나아가 '내 백성을 보내어 나를 섬기게 내 보내라고 한 것같이... 그 역할을 지금 사라가 이 시대에 하게 될 것이다.' 라고 말씀하시는 것이었다.

그러는 순간 나는 왜 주님이 18년 전에 나에게 '내가 너를 모세와 같이 쓰리라' 라고 하셨는지 깨달아졌다.

할렐루야.

18년 전의 일이다. 금요철야의 찬양하는 가운데 갑자기 내 목구멍까지 올라오는 주님의 목소리가 있었다. 그것은 정확히 말씀하시는 "내가 너를 모세와 같이 쓰리라" 라고 말씀하시는 것이었다. 그 당시에는 너무나 놀라왔다. 눈뜬 상태에서 찬양하는 가운데 이 목소리가 내 목까지 올라와서 말씀을 주시는 것이었다.

할렐루야. 나는 여태까지 이 뜻이 무엇인지 수없이 생각하여 왔지만 그 이유를 몰랐었다. 그런데 때가 되니까 주님이 이제야 밝혀 주시는 것이다.

할렐루야.

즉 주님께서 나를 모세와 같이 쓰리라 하신 말씀은 나를 베리칩이 666이 아니라고 믿는 사람들을 사단의 세력(바로)에서 빼어 내시겠다는 것이다. 즉 나를 사람들에게 베리칩이 666이니까 받지 말라는 나팔수 역할을 하게 하여 그들을 사단의 세력에서 빼 내시겠다는 의미였다.

주여!

그리고 주님은 모세에게 말씀하셨다.
"그 지팡이를 사라에게 주어라...."
모세는 자신이 갖고 있던 그 황금지팡이를 나에게 주었다.
할렐루야.

나는 모세에게서 이 황금지팡이를 건네받은 후에 이 지팡이로
'내가 무엇을 할 수 있을까?' 를 생각했다.

모세가 바로에게 나아가 이스라엘 민족은 하나님을 섬겨야 하니
그들을 내어 보내라 하였으나 바로는 그 말을 듣지 않았다. 그러므
로 모세와 아론은 하나님이 주신 이 지팡이를 들고서 애굽에 10가
지 재앙을 내리게 한 것이다. 그들이 두 손, 두 발 다 들고 이스라엘
민족을 내어 보내기까지 말이다.

그러므로 이 지팡이는 사단을 항복하게 만드는데 쓰임을 받은 것
이다. 그러므로 내가 이제는 이 지팡이를 건네 받았으므로 이제는
내가 이 지팡이를 들고 하나님의 백성들을 얽매고 있는 사단의 세
력에 대적하여 그 세력에 묶여 있는 자들을 점차 해방시켜야 함을
말씀하시는 것이었다. 할렐루야.

그러면 어떻게 하는 것이 그렇게 하는 것인가?
그것은 강하고 담대하게 하나님이 주신 말씀을 그대로 세상에 책

으로 출판하여 모든 사람들이 하나님의 뜻을 알 수 있도록 외치라
는 것이었다. 할렐루야.

즉 자꾸만 책으로 외치는 것이 바로 내가 가진 지팡이라는 것을
알 수 있었다.

할렐루야.

즉 책들이 이제 나의 지팡이가 되는 것이었다.

할렐루야. 주님, 주님을 찬양합니다.

주님의 뜻을 이루소서!

16

주님은 내가 베리칩이 666임을 전한다 하여 왕권을 가진 자로 취급하여 주시다.

(2014. 6. 29)

기도 후에 천국에 올라갔다.

늘 그렇듯이 천국에 도달하기까지 나는 나를 수호하는 여섯 명의 천사를 만난다.

그런데 오늘따라 수레에서 내리는 나의 모습이 훨씬 더 아름다워져 있었다. 드레스가 더 빛이 나고 진주와 다이아몬드로 곳곳에 장식된 아주 예쁘고 고급스러운 드레스로 바뀌어져 있었다. 그리고 또 내 면류관이 왕권을 가진 자들이 쓰는 면류관으로 바뀌어져 있었다. 내가 봐도 내가 너무 아름답다.

나는 내가 왜 오늘 이렇게 예쁘게 단장이 되었는지를 금방 알게 되었다. 그러한 지식이 그냥 생긴다.

왜냐하면 내가 베리칩을 외치는데 굽히지 않고 주님이 가르쳐주신 그대로 책을 출간하기로 결단하였기 때문이다.

즉 그것을 실천에 옮겼기 때문이다.

그것으로 인하여 주님은 내게 이렇게 더 예쁜 드레스를 입히시고 또 왕권을 가진 자들이 쓰는 면류관으로 씌워주신 것이다.

할렐루야.

그리고 나는 그런 모습으로 수레에서 내리자마자 두 천사의 인도를 받아 예수님께로 인도 되었다.

주님이 '내 딸아 내 신부야' 하신다.

나는 말했다. '주님 나는 아무 것도 하고 싶지 않고 단지 주님과만 있고 싶어요' 라고 했다.

이 말은 내가 천국에서 무슨 사명을 받은 자처럼 물어서 지상으로 내려와야 한다는 그러한 의무감 이러한 것에서 벗어나서 그냥 주님과 함께만 시간을 보내고 싶었던 것이다.

그랬더니 주님이 '그러면 우리 바다로 갈까' 라고 말씀을 하시는 것이었다.

그래서 주님과 나는 바닷가로 가서 조가비 배를 탔다.

나와 주님은 조가비 배 안에서 마주 앉아 있었다.

나는 이쪽 끝에 주님은 저쪽 끝에.........

그렇게 같이 있는 것이 얼마나 행복하였는지 내 안에 형언할 수 없는 행복감과 기쁨이 충만하여졌다. 할렐루야.

그러다가 나는 잠이 들었다.

⬡17 나에게 천상에서 왕권이 주어지는 이유를 밝혀 주시다.

(2014. 7. 1)

천국에 올라갔다.

황금수레 마차가 나를 데리러 왔다.

수레바깥에서 나를 호위하는 천사가 손목에 시계를 쳐다보면서 급하다는 모양으로 빨리 올라가야 한다고 했다.

그래서 나는 황금수레 마차를 타고 올라갔다.

천국대문에서 문을 지키는 두 천사를 만났다. 그들은 '사라님 오셨다' 하면서 문을 활짝 열어 주었다.

마차에서 내리는 나를 흰 날개 달린 두 천사가 주님께로 인도하였다.

마차에서 내릴 때에 보니 내 드레스가 평상시보다 더 예쁘게 보였다. 허리에서부터 바깥으로 퍼지는 드레스였다.

그 드레스 안에 또 하나의 레이스가 있었고 이러한 레이스는 손목과 드레스 끝부위에 약 20cm 길이로 보였다.

주님과 나를 저 하늘 위에서 많은 무리가 손을 흔들며 우리 쪽을 바라보고 환영하고 있었다.

'아니, 저들이 누구일까?'

저들이 누구인데 주님과 나를 저 멀리 하늘 위에서 환영하는 것일까? 그들은 제각기 다른 옷들을 입고 있었다.

그들이 누구일까? 하고 생각하고 있는데 그냥 알아진다.

아하! 이들은 천국에서 왕권을 가진 자들이구나!

할렐루야.

주님과 나는 그들이 있는 곳으로 날아갔다. 구름을 타고 간 것이 아니다. 그냥 주님과 나는 그들이 있는 곳으로 이동하였다.

주님과 내가 그들이 있는 곳으로 도착하였더니 그들이 주님과 나를 자신들의 머리위에 떠 받쳐 들고서 환영하고 있었다.

즉 주님과 나는 그들의 손들 위에 떠 받쳐지고 있었다.

그들은 주님과 나를 받쳐 들고 환호를 지르고 너무나 좋아했다.

나는 생각했다. '아 왜? 이들이 이렇게 나를 환영하여 주는 가?' 생각했더니 그렇다. 내가 천국과 지옥을 외치면서 베리칩이 666인 것을 전할 것을 온전히 결단하고 나니까 이제 왕권을 가진 자들이 나를 떠 받쳐 들고서 너무나 좋아하고 있는 것이었다. 할렐루야. 내가 베리칩을 전하게 되어서 왕권을 가진 자들의 속에 끼이게 된 것이었다. 할렐루야.

즉 내게 왜 왕권이 주어지냐면 내가 베리칩이 666인 것을 외치기 때문에 나에게 왕권이 주어지는 것을 알 수 있었다.

할렐루야!

한참을 그러다가 그들은 주님과 나를 내려놓았다.

에스더가 와서 내가 쓰고 있는 면류관을 내려놓고 자신이 주님 앞에서 '죽으면 죽으리랏다.' 하였기 때문에 받은 그 면류관을 내게 씌워 주었다. 즉 내게 베리칩이 666인 것을 전할 때에 '죽으면 죽으리라.' 해야 한다는 의미였다. 할렐루야!

그리고 다윗이 왕복 같은 갑옷을 입고 나타나서 나에게 죽도록 충성하는 자에게 주는 생명의 면류관을 내게 씌워 주었다. 생명의 면류관은 참으로 아름다웠다. 다이아몬드로 그리고 작은 보석들로 장식된 아주 멋있는 면류관이었다.

[계 2:10]

네가 장차 받을 고난을 두려워 말라 볼지어다 마귀가 장차 너희 가운데서 몇 사람을 옥에 던져 시험을 받게 하리니 너희가 십일 동안 환난을 받으리라 네가 죽도록 충성하라 그리하면 내가 생명의 면류관을 네게 주리라.

그리고 바울이 나타나서 나에게 의의 면류관을 씌워 주었다.

의의 면류관은 자수정 비슷한 큰 보석이 앞에 장식되어 있는 아름다운 면류관이었다.

[딤후 4:7-8]

(7)내가 선한 싸움을 싸우고 나의 달려갈 길을 마치고 믿음을 지켰으니 (8)이제 후로는 나를 위하여 의의 면류관이 예비되었으므로 주 곧 의로우신 재판장이 그 날에 내게 주실 것이니 내게만 아니라 주의 나타나심을 사모하는 모든 자에게니라.

그리고 베드로가 나타나서 자랑의 면류관을 내게 씌워 주었다. 자랑의 면류관도 멋있고 아름다웠다. 할렐루야.

베드로는 내가 자랑스럽다는 것이다.

[살전 2:19-20]

(19)우리의 소망이나 기쁨이나 자랑의 면류관이 무엇이냐 그의 강림하실 때 우리 주 예수 앞에 너희가 아니냐 (20)너희는 우리의 영광이요 기쁨이니라.

18

모세가 가나안에 들어가지 못한 진짜 이유를 밝혀 주시다.

(2014. 7. 1)

그러고 나서 주님과 나는 그들 위로 비상하여 높고 높은 배에 올라탔다. 할렐루야.

그들은 아래에서 우리에게 손짓을 하고 위로 바라보고 손을 흔들어 주었다.

우리는 아주 아주 높은 곳에서 배 위에 있는 어떤 방의 어느 창가 안에 있었다. 그 배안은 이전에는 보지 못한 그런 곳이었고 그 안에 테이블이 놓여 있었다.

진갈색의 테이블이 놓여있고 이편에 내가 저편에 주님이 앉았다.

그리고 조금 있다가 모세가 나타나 주님 왼편에 앉았다.

그리고 나에게 황금지팡이를 가지고 다니라고 말한다.

즉 이제는 네가 이 시대에 모세의 역할을 감당하라는 의미였다.

나는 이 지팡이를 저번에 모세에게서 건네 받았었다.

그리고 테이블 위에는 성경책이 펴졌다.

오늘은 내가 모세와 만나는 장소가 배 안으로 변했다.

그곳은 큰 배 안의 어느 높은 곳에 위치한 방 안이었는데 주님과 나는 창가 쪽으로 앉았다.

우리가 보는 곳은 모세의 죽는 장면이었다.

나의 질문은 왜 모세가 가나안에 못 들어갔나 하는 것이며 바위를 명령하지 않고 친 것이 그렇게 잘못된 것이냐 하는 것이었으며 그것 때문에 비록 모세가 40년간 광야에서 이스라엘 민족들을 인도하였음에도 불구하고 그 하나의 잘못으로 가나안을 못 들어가게 되었는가? 하는 질문이 내게 있었다.

[민 20:8-12]

(8)지팡이를 가지고 네 형 아론과 함께 회중을 모으고 그들의 목전에서 너희는 반석에게 명하여 물을 내라 하라 네가 그 반석으로 물을 내게 하여 회중과 그들의 짐승에게 마시울지니라 (9)모세가 그 명대로 여호와의 앞에서 지팡이를 취하니라 (10)모세와 아론이 총회를 그 반석 앞에 모으고 모세가 그들에게 이르되 패역한 너희여 들으라 우리가 너희를 위하여 이 반석에서 물을 내랴 하고 (11)그 손을 들어 그 지팡이로 반석을 두번 치매 물이 많이 솟아나오므로 회중과 그들의 짐승이 마시니라 (12)여호와께서 모세와 아론에게 이르시되 너희가 나를 믿지 아니하고 이스라엘 자손의 목전에 나의 거룩함을 나타내지 아니한 고로 너희는 이 총회를 내가 그들에게 준 땅으로 인도하여 들이지 못하리라 하시니라

여기서 주님은 모세를 가나안에 들어가지 못하게 하신 그 가장 큰 이유를 나에게 알게 하여 주셨다.

그것은 모세 다음에 여호수아를 세우기 위함이라는 것이었다.

모세가 그들을 이끌고 들어가면 그 다음에 가나안 정복을 하는데 있어서 하나님은 여호수아를 써야 하는데 그리하면 이스라엘 민족이 여호수아를 잘 따르지 아니할 것이라는 것이었다.

그래서 주님은 모세로 하여금 그 임무를 광야에서 마치게 하고 오히려 여호수아를 지도자로 삼아서 하나님의 약속의 땅 가나안으로 들어가게 하여야 이스라엘 민족들이 여호수아의 말을 잘 들을 것이고 또한 가나안 정복이 순조로이 이루어질 것이었으므로 주님은 그렇게 하셨다는 것이다.

할렐루야.

그리고 모세가 죽을 때 그의 나이는 120살, 그리고 아론은 죽을 때의 나이가 123살, 주님께서 그들을 짝 지워서 그들의 사명을 다하고 갈 수 있도록하셨다는 것이다. 할렐루야.

그러고 있는데 여호수아가 우리 앞에 나타났다.

눈의 아들 여호수아는 훤칠한 키에 미남이었다.

그가 인사하고서는 곧 떠났다.

다음에 다시 만날 것을 서로 알고서 말이다.

할렐루야.

모세가 가나안에 들어가지 못한 진짜 이유를 주님이 밝혀주심을
감사하나이다.

모든 것에 철저하신 주님을 찬양합니다

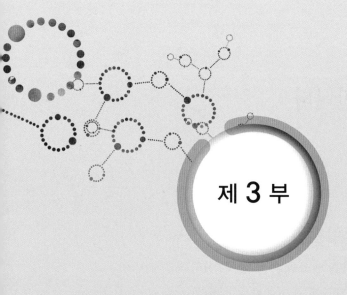

제 3 부

2014. 7. 1

~ 8~15

01
천국에서
이사야를 만나다.

(2014. 7. 1)

두 번째 천국에 올라갔다.

수레를 가지고 나를 데리러 온 두 천사, 천국대문에 서 있는 두 천사, 수레에서 나를 내리는데 수종하는 두 천사 이렇게 여섯 명을 만나고 나서 나는 주님께로 인도함을 받았는데 오늘 주님 옆에는 하늘색 옷을 아래위로 입은 청년이 있었다.

누구일까? 잘 모르겠다. 처음 보는 얼굴이었다.

그리고 주님과 나 그리고 그 청년은 우리가 늘 가는 정원에 있는 벤치로 갔다.

그 벤치에 하늘색 옷을 아래위로 입은 청년이 주님과 나 사이 가운데 앉았다.

나는 그가 누굴까? 하고 다시 생각했다.

아래위로 하늘색 옷을 입은 해맑은 청년 아하! 이사야구나! 그냥 알아졌다.

그 순간 우리는 대화가 시작되었다.

나는 이사야에게 이사야 9:6의 내용을 어떻게 알았냐고 물었다.

[사 9:6]

이는 한 아기가 우리에게 났고 한 아들을 우리에게 주신 바 되었는데 그 어깨에는 정사를 메었고 그 이름은 기묘자라, 모사라, 전능하신 하나님이라, 영존하시는 아버지라, 평강의 왕이라 할 것임이라.

이사야가 말하는 대신 주님이 내게 말씀을 하시는 것이었다.

'내가 그의 입에 그 예언의 말씀을 넣어 주었다.' 라고......

할렐루야.

즉 그 예언이 그냥 하나님이 그의 입에다가 넣어준 예언이라는 것이다. 하늘에서 임하는 예언이 그렇다. 내가 생각하여 말하는 것이 아니라 그냥 예언이 하늘에서 임하면 그 입에서 생각지도 아니한 말씀들이 입에서 막 튀어 나온다. 내 경험상도 그렇다.

그런데 주님은 그 이사야 9:6을 그냥 그렇게 하늘에서 내리는 예언으로 주님이 그의 입술에 넣어주었다는 것이다.

할렐루야.

그리고서는 내려왔다.

나는 아직 내가 이사야를 만날 때가 이르지 않았는가 하고 생각하면서 내려왔다.

할렐루야.

왜냐하면 아직 모세와의 이야기도 아직 끝나지 않았기 때문이었다.

02
하나님께 순종하여 나아갈 때에 만나는 큰 환란과 어려움은 하나님이 다 해결하신다.

(2014. 7. 2)

아침에 기도한 후에 천국에 올라갔다.

올라갈 때에 나를 수레에서부터 천국에 도착하여 주님께로 나를 인도하는 여섯 명의 천사들을 만났다. 나는 마차에서 내릴 때 나의 모습은 이전의 다이아몬드 면류관에서 금 면류관으로 바뀌어 있었다.

이 금 면류관은 정말 아름다운 황금 면류관으로 아주 정밀하고 세밀하게 장식된 면류관이었다.

이전에 처음에 가볍게 썼던 금 면류관과는 차원이 다른 아주 예쁘고 우아하고 황홀하게 생긴 면류관이었다.

할렐루야.

그리고 내가 입은 드레스도 바뀌어져 있었는데 이전 것보다 더 멋있었고 예뻤다.

주님이 이번에는 수레에서 내리는 나를 수레 가까이 오셔서 맞아주셨다.

그리고 주님과 나는 구름을 타고 저 멀리 위로 날아서 주님의 보좌 앞으로 갔다.

가자마자 나는 주님의 보좌 앞에 엎드려 있었고 천사들이 분홍색 껍질을 한 책 다섯 개를 가져왔다.

주님이 말씀하신다.

이것에서 두 번째 책이 모세와 함께 쓸 책이라고.......

그러고 있는데 모세가 나타났다. 꼭 자신의 이야기를 하고 있는 것을 알고 나타난 것처럼.........

모세가 나타나서 나에게 이렇게 말했다.

내가 황금지팡이를 가지고 다녀야 한다고....

그러자 내 옆에 황금지팡이가 놓였다. 그리고 모세는 주님의 왼편에 섰고 또 조금 있다가 바울이 왔다.

바울은 주님의 오른편에 섰다. 그리고는 이사야가 하늘색 옷을 입고 나타났다. 그리고는 바울 옆에 섰다.

주님이 마음으로 내게 물으신다. 누구와 이야기 하고 싶으냐?

나는 두 번째 책을 들면서 모세와 이야기 하고 싶다고 하였다. 마음으로 전달되었다.

그러자 주님과 나 그리고 모세는 이미 그 큰 모세의 궁의 광장앞에 와 있었다.

즉시 이동이 가능하였다. 우리는 테이블에 앉았다.

주님은 주님의 자리에, 나는 주님의 오른편쪽의 테이블에, 모세는 왼편에 앉았다.

모세와 나는 테이블 위에 성경책을 펴고 있었고 주님이 시작하라는 신호를 보내셨다.

나는 하나님이 이스라엘을 애굽에서 내보내실 때에 애굽의 장자를 모두 죽인 사건들이 있는 곳을 보면서 하나님의 그 크신 역사들과 또한 홍해 앞에서 이스라엘 민족들은 뒤에 쫓아오는 애굽 군대들을 보고 앞에는 홍해, 뒤에는 애굽 군대 그리하여 그들은 이제 죽는다고 난리를 피지만 결국 모세는 그들에게 하나님의 말씀, '너희는 가만히 있어 내가 너희를 위하여 싸우는 것을 보라' 하시는 말씀을 전하여 주는 그 성경의 내용을 보는데 주님은 다음과 같은 메시지를 나에게 주셨다.
할렐루야.

[출 14:1-4]
(1)여호와께서 모세에게 일러 가라사대 (2)이스라엘 자손을 명하여 돌쳐서 바다와 믹돌 사이의 비하히롯 앞 곧 바알스본 맞은편 바다가에 장막을 치게 하라 (3)바로가 이스라엘 자손에 대하여 말하기를 그들이 그 땅에서 아득하여 광야에 갇힌바 되었다 할지라 (4)내가 바로의 마음을 강퍅케 한즉 바로가 그들의 뒤를 따르리니 내가 그와 그 온 군대를 인하여 영광을 얻어 애굽 사람으로 나를 여호와인 줄 알게 하리라 하시매 무리가 그대로 행하니라

즉 이스라엘 민족은 주님께 순종하여 바알스본 맞은편 바닷가에

장막을 쳤더니 그들 앞에는 홍해가 놓여 있게 되었고 그리고 뒤에는 애굽 군대가 쫓아오게 되어 이제는 완전히 사면초가가 된 것이다. 이 때에 이스라엘 민족은 하나님과 모세를 원망하여 이제는 자신들이 죽게 되었다고 모세와 하나님을 원망하였다.

그 때에 모세는 그들에게 이렇게 말한다.

[출 14:11-14]

(11)그들이 또 모세에게 이르되 애굽에 매장지가 없으므로 당신이 우리를 이끌어 내어 이 광야에서 죽게 하느뇨 어찌하여 당신이 우리를 애굽에서 이끌어내어 이같이 우리에게 하느뇨 (12)우리가 애굽에서 당신에게 고한 말이 이것이 아니뇨 이르기를 우리를 버려 두라 우리가 애굽 사람을 섬길 것이라 하지 아니하더뇨 애굽 사람을 섬기는 것이 광야에서 죽는 것보다 낫겠노라 (13)모세가 백성에게 이르되 너희는 두려워 말고 가만히 서서 여호와께서 오늘날 너희를 위하여 행하시는 구원을 보라 너희가 오늘 본 애굽 사람을 또 다시는 영원히 보지 못하리라 (14)여호와께서 너희를 위하여 싸우시리니 너희는 가만히 있을지니라

그리고 하나님은 모세에게 홍해를 향하여 지팡이를 내어 밀게 하여 홍해가 이스라엘 민족이 건널 수 있게 두 쪽으로 갈라지게 하여 바다가운데에 길을 내신 것이다.

[출 14:15-16]

(15)여호와께서 모세에게 이르시되 너는 어찌하여 내게 부르짖느뇨

이스라엘 자손을 명하여 앞으로 나가게 하고 (16)지팡이를 들고 손을 바다 위로 내밀어 그것으로 갈라지게 하라 이스라엘 자손이 바다 가운데 육지로 행하리라

그리하여 이스라엘 민족은 그 바다 한가운데 육지로 홍해를 건너 갔고 뒤따라 오던 애굽의 군대는 오히려 바다가 다시 합쳐짐으로 말미암아 그들을 영원히 바다에 수장되게 하신 것이다.
할렐루야.

[출 14:26-31]
(26)여호와께서 모세에게 이르시되 네 손을 바다 위로 내어밀어 물이 애굽 사람들과 그 병거들과 마병들 위에 다시 흐르게 하라 하시니 (27)모세가 곧 손을 바다 위로 내어밀매 새벽에 미쳐 바다의 그 세력이 회복된지라 애굽 사람들이 물을 거스려 도망하나 여호와께서 애굽 사람들을 바다 가운데 엎으시니 (28)물이 다시 흘러 병거들과 기병들을 덮되 그들의 뒤를 쫓아 바다에 들어간 바로의 군대를 다 덮고 하나도 남기지 아니하였더라 (29)그러나 이스라엘 자손은 바다 가운데 육지로 행하였고 물이 좌우에 벽이 되었었더라 (30)그 날에 여호와께서 이같이 이스라엘을 애굽 사람의 손에서 구원하시매 이스라엘이 바닷가의 애굽 사람의 시체를 보았더라 (31)이스라엘이 여호와께서 애굽 사람들에게 베푸신 큰 일을 보았으므로 백성이 여호와를 경외하며 여호와와 그 종 모세를 믿었더라.

우리는 이 홍해 사건을 통하여 모든 것을 하나님이 하고 계시고 우리는 그 하나님의 경륜 속에서 우리가 할 수 있는 데까지만 순종하고 그 나머지는 하나님이 우리를 위하여 싸우시게 맡겨야 한다는 것을 알게 하셨다. 우리가 그분에게 하라는 대로 순종하여 나아갈 때에 만나게 되는 모든 어려움과 문제를 그분이 해결하실 것을 우리가 신뢰해야 한다는 것을 알게 하신 것이다.

정말 그렇다. 할렐루야.

하나님은 우리에 대하여 먼저 모든 계획을 가지고 계시고 그 계획대로 우리를 인도하시는데 우리는 그 와중에 순간순간 닥쳐오는 어려움과 곤란에 그 순간에도 주님만을 의지하고 바라보아야 하는데 당장 닥친 어려움 앞에서 순간적으로 우리는 주님을 부정하고 나에게 닥친 상황과 처지를 바라보다가 믿음을 놓쳐 버리는 그러한 어리석은 일을 버려야 하는 것이다.

할렐루야.

우리는 우리의 삶속에서 그분이 그분의 뜻대로 늘 우리를 이끌고 계심을 인정하여 드리고 우리 인생에서 내가 할 수 있는 것은 하되 할 수 없는 그것은 하나님께 맡겨서 그분이 하실 것을 믿어야 한다는 것을 이 사건을 통하여 알 수 있었다.

할렐루야.

그것이 오늘 모세와 이야기 하면서 끌어낸 결론이었다.

주님 감사합니다. 그렇게 하겠습니다.

03
주님으로부터 큰 꽃밭을 선물로 받다.

(2014. 7. 3)

아침에 잠깐 천국에 올라갔다.

천국에 올라가는데 늘상 만나는 여섯 명의 천사들을 만났다.

주님은 내가 수레에서 내리는 곳까지 오셔서 나를 맞아 주셨다.

대개는 길 건너 나의 오른편에서 늘 서 계셔서 나를 맞아 주시는데 오늘은 수레에서 내리는 나를 바로 맞아 주시는 것이었다.

나는 다이아몬드 면류관과 흰 드레스를 입고 있는데 주님은 오늘따라 노랗고 포근하게 보이는 긴 옷을 입고 계셨다.

우리는 늘 주님이 흰 옷만 입고 계신다는 선입견이 있다.

아니 사실은 늘 그랬다. 지금까지..........

그런데 오늘은 노란 옷을 입고 계시는 것이었다.

나는 이렇게 말했다. 어머나 주님의 옷 색깔이 다르네.....

나에게 드는 생각이었다.

아하! 우리는 모두가 다 주님은 늘 빛나는 흰 옷을 입고 있어야 한다고 생각하는데 사실은 그것이 맞다. 그러나 주님이 다른 옷을 입고 있더라도 충분히 우리가 소화할 수 있을 때에 주님은 다른 색깔의 옷을 입고 나타나신 것을 알 수 있었다.

　이것은 나에게 그냥 그렇게 알게 하시는 것이다.

　지금 나에게 주님이 어떤 색깔의 옷을 입고 나타나시든 사실은 상관이 없다. 왜냐하면 나는 그분이 주님이신 것을 아니까.

　그러나 처음에 이런 색깔을 입고 나타났으면 나는 그분이 주님이 맞을까 하고 의심이 생겼을 것이다.

　그러나 확실한 것은 주님은 어떠한 옷 색깔로 나타나시든 그분은 우리 인간에게 그분이 그분이시라는 것을 계시하시는 분이신 것을 의심치 않는다.

　주님은 나를 반갑게 맞이하여 주셨다.

　나는 그의 옷에 파묻혀서 울었다.

　그냥 울었다.

　그는 나의 아빠이기도 하고 나의 영원한 신랑이기도 하고 나의 영원한 사랑이시기도 하다.

　그런데 왜 그분의 옷에 파묻혀서 우냐?

　반갑고 기쁘고 또 너무 죄송해서이다........

　이 복합된 심경을 어떻게 표현하여야 할까? 나는 못하겠다.

　주님은 '내 신부야!' 하신다.

　나는 어디로 가는 것도 구경하는 것도 싫고 단지 주님과만 있고 싶었다. 주님은 아신다. 나의 이런 마음을.......

주님은 말씀하신다. 내가 오늘 너에게 특별히 주려고 마련한 것이 있단다.

그 말을 들었을 때에 나는 그것이 무엇일까 하면서 마음이 몹시 설렜다. 그런데 분명히 어떤 집일 것 같았다. 나는 속으로 아니 나는 이미 천국에 내 집이 있는데 또 주님이 다른 집을 주시겠다는 것인가? 나는 참으로 궁금해 하였다. 그런데 분명히 천국에 있는 어떤 장소라는 것을 알겠다.

주님과 나는 구름을 타고 멀리 날아 올라갔다.

그런데 우리가 온 곳은 참으로 아름다운, 넓고도 넓은, 한없이 넓은 것 같은 꽃밭이었다.

진붉은 꽃잎에 하얀 수술이 있는 꽃이 푸른 잎들과 줄기속에 있었는데 약 키는 40cm 정도 되는 꽃들이 우리의 왼쪽으로 엄청 많이 보였다. 아! 하는 감탄사가 흘러 나왔다.

오른쪽으로는 잎줄기가 초록색깔에 흰색깔이 수직으로 같이 넣어져 있었고 거기에 분홍색 꽃이 즐비하게 넓게 피어 있었다. 할렐루야.

그 꽃밭이 어디까지 뻗어 있는지 모르겠다.

주님은 말씀하신다. 이 꽃밭을 너에게 주노라.

와우! 아니 주님 정말이세요? 할렐루야! 할렐루야!

내가 꽃을 얼마나 좋아하는지 주님은 아신다.......

아! 너무 좋다. 너무 좋다...... 주님 감사해요!

그런데 나의 행복한 고민이 시작되었다.

이 넓은 꽃밭이 우리 집 어디에 들어갈 수 있을까? 하는 고민이 생겼다. 집 뒤쪽? 아니야....

그런데 왜 주님은 갑자기 이 넓고 넓은 꽃밭을 나에게 선물로 주신다 하실까?

천국에서는 무엇이든지 가능하지만 그래도 나는 이 큰 선물을 받아 놓고는 내 집 어디에 둘 생각을 하고 있는 것이었다. 그런데 나는 이 넓은 정원이 내 집에가 아니라 다른 곳에 있을 수도 있다고 생각이 들었다. 우리가 가끔 다른 곳에 별장을 갖고 있듯이 말이다.

그런데 나중에 내가 발견한 것은 이 정원이 천국의 나의 집 내가 대문을 통하여 들어갔을 때에 오른편 정원에 연결되어 저 유리바다까지 연결되는 것을 알게 되었다.

주님이 이 넓은 꽃밭을 내게 주시다니 얼마나 감사한지.....

주님 감사해요 사랑해요 고마워요....... 할렐루야.

04
주님은 죄인이 죄인을 정죄할 수 없다 하신다.

(2014. 7. 4)

천국에 올라갔다.

천국을 올라갈 때에 늘 나를 수종하는 천사 여섯 명을 만났다.

올라갈 때부터 마차 수레 주위에 또한 천사들 주위에 가시덤불 등이 보였고 또한 마차 안에도 있는 것 같았다.

천국에 도착하니 주님이 가시면류관을 쓰고 계신다.

그리고 그의 옷은 다 찢어지고 남루하였다.

아! 어찌 저렇게 고난을 당하시는 모습인가? 하고 생각하고 있는데 주님이 말씀하신다.

"나는 너를 위하여 이렇게 아팠단다. 너는 나로부터 이러한 은혜를 입은 자란다." 할렐루야.

나는 주님이 이렇게 나에게 말씀하시는 가운데 사실 정작 주님이 내게 주시고자 하는 메시지가 나에게 전달되고 있었다.

그것은 나를 보고 '남을 용서하고 오래 참으라.' 하시는 말씀이 나에게 그냥 전달되는 것이었다. 아멘.

그렇다. 주님이 나를 위하여 그렇게 참으신 것처럼 나도 그렇게 해야 한다는 것을 알 수 있었다.

사람들은 간음하다가 잡힌 여인을 주님께 데리고 와서 돌로 쳐서 죽여야 한다고 했다. 그때에 주님은 땅바닥에 두 번이나 무엇인가를 쓰시고 일어나셔서 말씀하시기를 "아니다. 너희 중에 죄 없는 자가 먼저 저 여인을 돌로 쳐라." 라고 말씀하셨다.

할렐루야.

'그렇다 나도 죄인이다. 죄인인 내가 감히 누구를 비난하고 정죄할 수 있는가?' 하는 것이다.

나는 이 생각을 하면서 주님께 이렇게 질문하였다.

"주님, 그 때 주님은 땅바닥에 무엇이라고 쓰셨나요?"

하고 물어보았다.

주님은 그 대답을 나에게 이렇게 생각으로 넣어 주셨다.

주님은 말씀하신다.

"나는 그 때에 땅바닥에 '죄 없는 자가 없느니라' 라고 썼느니라."

라고 말씀하시는 것이었다.

그것을 첫 번째 땅바닥에 쓰셨고 그 다음 두 번째는 그러므로 '죄 없는 자가 먼저 저 여자를 돌로 쳐라' 라고 쓰셨다는 것이다.

그리고서는 바로 일어나셔서 사람들에게 '너희 중에 죄 없는 자가 먼저 이 여자를 돌로 쳐라' 라고 똑같은 말을 사람들에게 하셨다는 것이다.

할렐루야.

이 교훈은 우리 모두가 다 죄인이므로 어느 누구도 그 죄를 정죄할 수 없다는 것이다. 할렐루야.

[고전 4:5]
그러므로 때가 이르기 전 곧 주께서 오시기까지 아무 것도 판단치 말라 그가 어두움에 감추인 것들을 드러내고 마음의 뜻을 나타내시리니 그 때에 각 사람에게 하나님께로부터 칭찬이 있으리라

05

이스라엘 민족이 광야에서 40년 동안 먹은 만나에 대하여 질문하다.

(2014. 7. 4)

천국에 올라갔다.

내가 천국에 올라가자마자 주님은 나를 바로 모세가 있는 궁으로 인도하였다. 그곳은 궁전 안인데 크고 넓은 광장 같은 곳에 직사각형의 테이블이 놓여 있다.

주님과 내가 도착하자 모세가 나왔다. 그리고 모세는 나에게 지팡이를 가지고 다니라고 말하는데 벌써 그 지팡이가 내 옆에 나타났다. 나는 그 지팡이를 쥐었다.

그리고 우리는 그 테이블에 앉아서 성경책을 같이 보았다.

나에게 만나에 대한 질문이 생겼다.

하나님은 이스라엘 민족이 애굽에서 나온 지 2개월 15일 되는 날에(75일째) 그들에게 양식이 다 떨어져서 먹을 것이 없어졌을 그 때에 그들에게 하늘에서 내리는 만나를 먹이신 것이다.

[출 16:4-5]

(4)때에 여호와께서 모세에게 이르시되 보라 내가 너희를 위하여 하늘에서 양식을 비 같이 내리리니 백성이 나가서 일용할 것을 날마다 거둘 것이라 이같이 하여 그들이 나의 율법을 준행하나 아니하나 내가 시험하리라 (5)제 육일에는 그들이 그 거둔 것을 예비할지니 날마다 거두던 것의 갑절이 되리라

[출 16:16-20]

(16)여호와께서 이같이 명하시기를 너희 각 사람의 식량대로 이것을 거둘지니 곧 너희 인수대로 매명에 한 오멜씩 취하되 각 사람이 그 장막에 있는 자들을 위하여 취할지니라 하셨느니라 (17)이스라엘 자손이 그같이 하였더니 그 거둔 것이 많기도 하고 적기도 하나 (18)오멜로 되어본즉 많이 거둔 자도 남음이 없고 적게 거둔 자도 부족함이 없이 각기 식량대로 거두었더라 (19)모세가 그들에게 이르기를 아무든지 아침까지 그것을 남겨 두지 말라 하였으나 (20)그들이 모세의 말을 청종치 아니하고 더러는 아침까지 두었더니 벌레가 생기고 냄새가 난지라 모세가 그들에게 노하니라 그러나 그 다음날이 안식일인 날은 두 배로 거두었으나 그것이 그 다음날이 되어도 상하지도 냄새나지도 아니하였던 것이다.

[출 16:23-24]

(23)모세가 그들에게 이르되 여호와께서 이같이 말씀하셨느니라 내일은 휴식이니 여호와께 거룩한 안식일이라 너희가 구울 것은 굽고 삶을 것은 삶고 그 나머지는 다 너희를 위하여 아침까지 간수하라 (24)그들이

모세의 명대로 아침까지 간수하였으나 냄새도 나지 아니하고 벌레도 생기지 아니한지라.

[i] 여기서 나의 질문은 그들이 평일 날 좀 더 거두어 그 다음날까지 두면 만나가 왜 벌레가 먹어서 썩었는가 하는 것이다.

이것이 내 질문이었다.

그리고 안식일이 뒷날인 경우에는 그 날 두 배로 거두어도 그 뒷날 만나가 벌레도 먹지 아니하고 썩지도 아니하였다.

이 안 썩은 것은 만나가 다른 재질이었는가? 아니면 썩은 이유가 주님이 그들의 불순종에 벌레를 부르신 것인가? 하는 것이다.

여기에 대한 답변으로 주님이 내게 알게 하시는 것은 하나님의 말씀이 그렇게 했다는 것이다. 즉 재질의 문제가 아니라는 것이다. 하나는 썩을 재질, 하나는 썩지 아니할 재질로 만든 그런 것이 아니라 하나님의 말씀이 그것을 썩지 않게 벌레 먹지 않게 하였다는 것이다.

즉 이 말이 무슨 말이냐면

[히 11:3]

믿음으로 모든 세계가 하나님의 말씀으로 지어진 줄을 우리가 아나니 보이는 것은 나타난 것으로 말미암아 된 것이 아니니라 즉 말씀대로 모든 것이 그냥 그렇게 순종하여 일어났다는 것이다. 즉 썩으라. 썩지 말라. 이렇게 명령한 것과 같은 의미이다.

이 세상의 모든 자연은 주님께 순종하게 되어 있다.

그러므로 그 다음날이 안식일인 경우에 만나를 이틀치를 거두어도 벌레 먹고 썩지 않은 것은 하나님이 안 썩을 것이라 말씀하셨으므로 안 썩었다는 것이다.

즉 하나님의 말씀이 그대로 일어났다는 것이다. 할렐루야.

그러므로 우리는 이러한 것을 볼 때 우리는 정말 하나님의 입에서 나오는 모든 말씀으로 살고 있음이 더욱 분명하여지는 것이다. 할렐루야.

주님은 신명기 8:3에서 이렇게 말씀하신다.

[신 8:3]
너를 낮추시며 너로 주리게 하시며 또 너도 알지 못하며 네 열조도 알지 못하던 만나를 네게 먹이신 것은 사람이 떡으로만 사는 것이 아니요 여호와의 입에서 나오는 모든 말씀으로 사는 줄을 너로 알게 하려 하심이니라.

그리고 하나님은 이스라엘 민족으로 하여금 날마다 만나만 먹이시면서 그들로 하여금 또한 우리로 하여금 광야생활을 하게 함으로 말미암아 신명기 8장 2절에서는 이렇게 말씀하신다.

[신 8:2]

네 하나님 여호와께서 이 사십년 동안에 너로 광야의 길을 걷게하신
것을 기억하라 이는 너를 낮추시며 너를 시험하사 네 마음이 어떠한지
그 명령을 지키는지 아니 지키는지 알려하심이라

즉 하나님은 그들에게 하나님의 말씀대로 준행하나 아니하나 시
험하셨다.

[출 16:4]

때에 여호와께서 모세에게 이르시되 보라 내가 너희를 위하여 하늘
에서 양식을 비 같이 내리리니 백성이 나가서 일용할 것을 날마다 거둘
것이라 이같이 하여 그들이 나의 율법을 준행하나 아니하나 내가 시험
하리라

[출 16:23-24]

(23)모세가 그들에게 이르되 여호와께서 이같이 말씀하셨느니라 내일
은 휴식이니 여호와께 거룩한 안식일이라 너희가 구울 것은 굽고 삶을
것은 삶고 그 나머지는 다 너희를 위하여 아침까지 간수하라 (24)그들이
모세의 명대로 아침까지 간수하였으나 냄새도 나지 아니하고 벌레도 생
기지 아니한지라

즉 여기서도 우리 인간은 하나님의 말씀으로 먹고 사는 것이 명
백히 드러난다.

주님은 말씀하신다.

신명기 8장 2절에서 그들이 하나님의 명령을 지키는지 아니 지키는지 알고 싶으셔서 광야의 길을 걷게 하셨다는 것이다. 이것은 우리에게도 동일하시다. 그분은 지금도 우리를 광야의 길을 걷게 하시는 것은 우리가 그분의 명령을 지키는지 아니 지키는지 알고 싶으셔서 그렇게 하신다.

그리하여 결국 우리로 하여금 우리가 떡으로 사는 존재가 아니라 하나님의 말씀으로 사는 존재라는 것을 알게 하시기를 원하시는 것이다. 할렐루야.

하나님은 이스라엘 민족에게 이 만나를 항아리에 넣어 보관케 하였다. 이 만나도 오랜 시간동안 안 썩었음에 분명하다.

왜냐하면 하나님께서 그렇게 하라 하셨으니까 말이다.

그 말씀에 순종하여 항아리에 보관된 만나는 결코 썩지 아니하였을 것이다. 왜냐하면 모든 것이 하나님의 말씀대로 이루어지기 때문이다.

[출 16:31]

이스라엘 족속이 그 이름을 만나라 하였으며 깟씨 같고도 희고 맛은 꿀 섞은 과자 같았더라.

[출 16:32-35]

(32)모세가 가로되 여호와께서 이같이 명하시기를 이것을 오멜에 채

워서 너희 대대 후손을 위하여 간수하라 이는 내가 너희를 애굽 땅에서 인도하여 낼 때에 광야에서 너희에게 먹인 양식을 그들에게 보이기 위함이니라 하셨다 하고 (33)또 아론에게 이르되 항아리를 가져다가 그 속에 만나 한 오멜을 담아 여호와 앞에 두어 너희 대대로 간수하라 (34)아론이 여호와께서 모세에게 명하신 대로 그것을 증거판 앞에 두어 간수하게 하였고 (35)이스라엘 자손이 사람 사는 땅에 이르기까지 사십년 동안 만나를 먹되 곧 가나안 지경에 이르기까지 그들이 만나를 먹었더라

[ii] 그리고 그 다음의 나의 질문은 40년간 이 만나만 먹었는데도 안 질렸던 이유는 무엇이었냐고 물었다.

거기에 대한 대답은 이렇게 왔다.

즉 하나님이 안 질리게 하셨다는 것이다. 할렐루야.

그것은 이것과 같음을 알게 하신다.

우리는 식사 때마다 늘 밥을 먹는다. 밥을 수십 년을 먹어도 우리는 질리지 않는다. 그것처럼 동일한 것을 알게 하신다.

할렐루야.

아하! 그러므로 이스라엘 민족에게 하나님의 특별히 40년을 만나만 먹고 살아도 질리지 않게 하는 역사가 있었음을 말씀하셨다. 할렐루야.

06

주님께서 나로 인하여 구원받은 자들을 보여주시다.

(2014. 7. 5)

천국에 올라갔다.

그런데 나를 데리러 온 수레 안에 벌써 주님과 모세가 저쪽 편에 앉아 계신다.

모세가 내 앞에 나타나면 벌써 내게는 모세의 황금 지팡이가 들려진다. 모세가 나에게 이전에 준 것이다.

주님과 나 그리고 모세는 천국에 도착하자마자 수레에서 내려서 늘 가는 그 계단 즉 모세의 궁으로 가는 몇 계단을 올라가면 하나의 크고 넓은 계단이 나오는데 그것을 지나서 다시 계단 수십 개를 지나서 넓은 광장에 도달하였다. 천국에서 우리가 계단을 올라갈 때에는 거의 미끄러지듯이 올라간다. 전혀 힘들지 않다.

광장의 저 안쪽 즉 성소쪽 가까이로(나중에야 알게 되었는데 이 모세의 궁은 성막의 구조와 유사하게 생겼다) 직사각형의 테이블이 전후로 놓여 있다.

전에도 말한 적이 있지만 이 광장 다음에 그 이후로 저 안쪽으로는 더 큰 궁전이 있는데 나는 아직 거기를 구경하지 못했다.

다만 우리는 그 궁전 안(성막구조의 성소 안)에 들어가기 전 성막구조의 뜰에 해당하는 광장에서 테이블을 놓고 모세와 주님과 내가 같이 성경을 보고 있는 것이다.

오늘은 이 광장 양쪽 벽으로 서 있는 천사들이 훨씬 더 많았다.

한쪽 벽에 수십 명씩 있는 것 같았다. 그리고 그 천사들이 이쪽에서 저쪽으로 천정으로 쭉 연결하여 아치모양으로 된 피켓을 들고 있었는데 오늘 그 피켓에는 수많은 사람들이 그려져 있었다. 그리고 거기에 쓰여져 있기는 '우리는 사라에 의하여 구원 받은 자들이다.' 라고 쓰여 있었다.

나는 그것을 보는 순간 나는 주님께 마음으로 '아니라' 했다. '아니에요 주님, 저는 그들이 구원받는데 있어서 1% 일하고 주님이 99% 일하셨어요.' 라고 하면서 그 말이 틀렸다고 하였다.

그리하였더니 주님으로부터의 대답이 그냥 나에게 온다.

99%도 1%의 일이 없었으면 있지 않았을 것이라고 말씀하시는 것이었다.

오! 할렐루야! 주님은 내게 주님의 일을 하는데 있어서 1%의 일도 없어서는 안 될 중요한 일이라는 것을 가르쳐 주시는 것이었다. 아 할렐루야! 맞다.

비록 주님은 우리가 한 영혼이 구원받는데 있어서 그 전체의 1%밖에 되지 않는 일을 한다 할지라도 주님은 우리가 한 그 일에 대하여 이렇게 피켓까지 세워 가시면서 우리의 공로를 치하하시는 것이었다. 할렐루야!

나는 얼마나 그것이 감사한지.........

정말 공로 하나 없는 나를 공로 많게 만드시는 하나님!

할렐루야! 멋진 하나님이시다!

주님이 테이블 머리에 앉으시고 그리고 나와 모세가 각자의 매번 같은 자리에 앉는 그 자리를 찾아 앉았다.

나에게 질문이 생겼다.

광야에서 그때 장정들이 가나안 정탐 후에 38년 동안(애굽에서 나온 지 2년 후 가나안 정탐을 하였으므로 그 후 38년 동안 광야생활을 함) 살아갈 때에 다 쓰러져 죽었는데 어떻게 그렇게 그들이 다 다른 사람들로부터 구별이 가능하였는가? 궁금하였다.

주님은 그것을 이렇게 알게 하셨다.

그들에게 죽음의 사자들이 다니면서 그때 군대에 나갔던 장정들에 해당하는 그 모든 사람들에게는 보이지 아니하는 인을 쳤다는 것이다.

할렐루야. 아하~ 그렇게 한것이구나.

그 때 장정이란 군대에 나가는 20세~60세까지의 남자를 말한다. 20세 이상의 장정에 해당하는 자들 말이다.

그러므로 가나안 정탐 후에

그 때 20세인 경우는 58세가 되기 전에 죽었다.

그 때 30세인 경우는 68세 되기 전에 죽었다.

그 때 40세인 경우는 78세 되기 전에 죽었고

그 때 50세인 경우는 88세 되기 전에 죽었다.

그들이 어떻게 죽었나 하는 질문에 대하여는 병들어 죽기도 하였고 나이 들어 죽기도 하였다는 것이다.

할렐루야. 가르쳐 주시는 주님을 찬양합니다.

07
여호와의 불이
무엇인지 알게 하시다.
(2014. 7. 5)

두 번째 천국에 올라갔다.

나를 데리러 온 수레 안에 역시 주님과모세가 미리 앉아 있었다. 우리는 같이 천국으로 올라가서 바로 모세의 궁 안으로 들어가서 늘 모세와 같이 앉는 테이블에 앉았다.

주님은 테이블 머리 주님의 자리에 앉으시고 나는 주님의 오른편에 모세는 주님의 왼편쪽으로 테이블에 앉았다.

그리고 나는 테이블에 앉아서 성경의 처음에 창세기 1장 1절, '하나님께서 천지를 창조하시니라' 에서의 하나님과 시내산에서 나타나신 즉 '빽빽한 구름가운데 여호와 하나님께서 나타나시니라' 에서 나타나신 하나님이 같은 하나님이신가? 하는 의심이 생겼다.

왜냐하면 내 생각에 천지를 말씀으로 창조하신 하나님은 매우 크고 위엄이 있으시고 전능하신 하나님이신 것 같고 고작 시내산에 빽빽한 구름가운데 나타나신 하나님은 작은 하나님인 것처럼 느껴졌기 때문이다.

그랬더니 내가 그렇게 의심이 내 안에서 일어나는 그 순간 갑자기 테이블 위에 놓여 있던 내 성경책이 공중으로 쑤욱- 하고 직선으로 2~3m 정도 올라가더니 불이 공중에서 확 붙어 버리는 것이었다.

즉 내가 이러한 하나님이 동일하신 하나님이신가 하고 의심을 하였더니 갑자기 내 앞에 놓여 있던 성경책이 공중으로 확 올려져서 불에 태워지고 있었던 것이다. 오 마이 갓!

나는 이 광경을 바라보고 엉엉 울었다. '주님, 아니에요, 정말 아니에요, 제가 성경을 안 믿는 것이 아니에요' 하며 거의 울부짖으며 말했다. 그랬더니 다시 성경책이 언제 불에 붙어 있었는가 할 정도로 내게로 곱게 내려오는 것이었다.

그리고 다시 내 앞에 성경책이 펼쳐졌다. 할렐루야. 얼마나 순간 겁이 났던지....

주여!

모세가 나에게 갑자기 이렇게 말했다.

내 두 손바닥을 보라고..........

그것은 이러한 의미가 있었다.

나는 늘 내 두 손바닥을 보면서 하나님의 창조의 완벽성에 감탄하곤 했었다. 나는 그분의 전능하심을 주로 내 두 손바닥을 쳐다보면서 느낀다. 내 두 손바닥이 얼마나 정확하고 얼마나 정교하게 만들어졌는지에 대하여 감탄한다.

또 이 손바닥에 있는 주름이 이 세상에 한 사람도 같은 사람이 없다는 것이 놀랍다.

그러므로 모세가 나에게 나의 두 손바닥을 보라고 한 이유는 그것처럼 성경은 완전하다는 것이었다. 할렐루야. 아멘.

그렇다.

그리고 나에게 지금 내가 보고 있는 주님이(테이블에 앉아 계신 그 분) 그 천지창조의 그 여호와시냐고 하는 질문이 내 안에 생기자 주님이 말씀하셨다.

"내가 여호와니라!"

할렐루야. 아멘.

이 여호와의 불에 대하여서는 나중에 아론의 두 아들 나답과 아비후가 여호와 앞에서 잘못된 불을 드리다가 여호와의 불이 나와서 그들을 살라버린 이야기가 성경에 나온다.

이것에 대하여는 나중에 다시 자세히 설명이 되어질 것이다.

08

모세를 반역한 고라를 삼킨 음부, 고라가 불로 고통을 당하고 있다.

(2014. 7. 7)

천국에 올라갔다.

주님이 나를 맞아 주셨다. 그리고 주님과 나는 바로 모세를 만나는 궁으로 갔다. 주님과 내가 자리에 앉았고 모세도 와서 앉았다.

모세가 오늘은 청색 가운을 입고 있었다. 고급스러워 보였다. 아니 아까는 베드로의 집에 갈 때는 짧은 바지를 입고 있더니 이제는 흰 옷에 청색 가운까지 입은 것이다.

[i] 나는 모세를 대적하였던 고라 자손에 대하여 물었다.

[민 16:1-2]

(1)레위의 증손 고핫의 손자 이스할의 아들 고라와 르우벤 자손 엘리압의 아들 다단과 아비람과 벨렛의 아들 온이 당을 짓고 (2)이스라엘 자손 총회에 택함을 받은 자 곧 회중에 유명한 어떤 족장 이백 오십인과

함께 일어나서 모세를 거스리니라.

하나님이 세운 모세를 거스린 고라를 땅이(음부가) 입을 벌려 그들을 산채로 삼킨 것이다. 즉 그들은 살아서 음부에 있는 불에 떨어졌다.

[민 16:28-33]
(28)모세가 가로되 여호와께서 나를 보내사 이 모든 일을 행케 하신 것이요 나의 임의로 함이 아닌 줄을 이 일로 인하여 알리라 (29)곧 이 사람들의 죽음이 모든 사람과 일반이요 그들의 당하는 벌이 모든 사람의 당하는 벌과 일반이면 여호와께서 나를 보내심이 아니어니와 (30)만일 여호와께서 새 일을 행하사 땅으로 입을 열어 이 사람들과 그들의 모든 소속을 삼켜 산채로 음부에 빠지게 하시면 이 사람들이 과연 여호와를 멸시한 것인 줄을 너희가 알리라 (31)이 모든 말을 마치는 동시에 그들의 밑의 땅이 갈라지니라 (32)땅이 그 입을 열어 그들과 그 가족과 고라에게 속한 모든 사람과 그 물건을 삼키매 (33)그들과 그 모든 소속이 산채로 음부에 빠지며 땅이 그 위에 합하니 그들이 총회 중에서 망하니라.

그런데 이렇게 산채로 음부로 떨어지는 것이 동시에 주님이 내게 알게 하시는 것이 바로 아마겟돈 전쟁 이후에 주님이 적그리스도와 거짓선지자를 산 채로 유황 불못에 던져 넣는 것과 같은 것임을 알게 하여 주셨다.

[계 19:20]

짐승이 잡히고 그 앞에서 이적을 행하던 거짓 선지자도 함께 잡혔으니 이는 짐승의 표를 받고 그의 우상에게 경배하던 자들을 이적으로 미혹하던 자라 이 둘이 산채로 유황불 붙는 못에 던지우고

또한 이것이 부자와 거지 나사로의 이야기에서 둘 다 죽어서 음부의 불꽃가운데 고통하는 부자와 같음을 알게 하여 주셨다.

[눅 16:20-25]

(20)나사로라 이름한 한 거지가 헌데를 앓으며 그 부자의 대문에 누워 (21)부자의 상에서 떨어지는 것으로 배불리려 하매 심지어 개들이 와서 그 헌데를 핥더라 (22)이에 그 거지가 죽어 천사들에게 받들려 아브라함의 품에 들어가고 부자도 죽어 장사되매 (23)저가 음부에서 고통 중에 눈을 들어 멀리 아브라함과 그의 품에 있는 나사로를 보고 (24)불러 가로되 아버지 아브라함이여 나를 긍휼히 여기사 나사로를 보내어 그 손가락 끝에 물을 찍어 내 혀를 서늘하게 하소서 내가 이 불꽃 가운데서 고민하나이다 (25)아브라함이 가로되 얘 너는 살았을 때에 네 좋은 것을 받았고 나사로는 고난을 받았으니 이것을 기억하라 이제 저는 여기서 위로를 받고 너는 고민을 받느니라.

[ii] 나는 주님께 고라를 보여 달라 했다.

그러자 내 눈에는 갑자기 고라가 보이는데 그는 불가운데 고통하고 있는 모습이 보였다. 큰 파도와 같은 붉은 불이 그를 쫓아오면서

덮치려 했다. 무슨 쓰나미 같이 달려오는 붉은 불이었다.

그는 그 불을 피하여 달리다가 그가 하는 말, '이렇게 뜨거운 불은 처음 본다.' 하면서 온 힘을 다하여 도망치고 있는데 뱀이 어디서 나타났는지 갑자기 나타나 그의 목을 몇 번 휙 감더니 그를 들어서 다시 불속으로 집어넣어 버렸다.

오 마이 갓!

이렇게 놀랍게 고라를 보고 있는데 나는 갑자기 그의 아들들에 대하여 궁금하여졌다. 설마....

[iii] 그 다음 나의 질문은 그 아들들은?

분명히 위 성경구절에서는 고라의 가족과 그에 속한 모든 사람들이 음부에 산 채로 빠졌다라고 되어 있는데 나는 순간 하나님의 공의를 생각한 것이다.

아버지의 이빨이 시다하여 아들의 이빨이 신 것이 아니라하셨는데 아비의 죄 때문에 설마 하나님께서 그 아들들도 이렇게 죽이셨을까 생각한 것이다. 그래서 이것을 물어 보았다.

"주님, 고라의 아들들은요?"

그런데 주님이 나에게 생각으로 그냥 알아지게 하시는 것은 고라의 아들들은 죽지 않았다는 것이다. 할렐루야!

그런데 이렇게 들은 하나님의 음성에 대하여 나중에 주님은 나로 하여금 이것을 성경에서 다시 확인시켜 주셨다. 할렐루야! 아멘.

[민 26:9-11]

(9)엘리압의 아들은 느무엘과 다단과 아비람이라 이 다단과 아비람은 회중 가운데서 부름을 받은 자러니 고라의 무리에 들어가서 모세와 아론을 거스려 여호와께 패역할 때에 (10)땅이 그 입을 열어서 그 무리와 고라를 삼키매 그들이 죽었고 당시에 불이 이백 오십명을 삼켜 징계가 되게 하였으나 (11)그러나 고라의 아들들은 죽지 아니 하였더라.

[iv] 그 다음 나의 질문은 그러면 음부가 즉 지옥이 지구 가운데 있는가 하는 것이었다.

그것에 대하여 그렇다는 대답이 오는 것 같았다.

적어도 거기가 어디인지 모르지만 어쨌든 땅속으로 깊이 들어가는 것인 것을 알겠다. 왜냐하면 음부가 즉 땅이 입을 열어서 고라를 삼켰다고 기록하고 있기 때문이다.

그러면 나는 또 다른 질문이 생겼다.

그러면 내가 천국입구에 도착하여 지옥으로 내려갈 때 보면 긴 까만 터널을 밑으로 밑으로 한없이 내려가는데 이 까만 터널이혹시 우주바깥에 있는 천국에서 지구가운데 있는 땅속 깊이까지 연결되는 터널인가 하는 것이었다.

여기에 대하여 아직 정확한 대답은 아직 못 듣고 내려왔다.

다만 그럴 것이라는 생각이 들어왔다.

09
이사야의 집을
방문하다.

(2014. 7. 8)

천국에 올라갔다.

올라갈 때부터 두 천사(나를 데리러 온 수레를 모는 천사와 수레 바깥에서 나를 수호하는 천사)가 보이고 주위에 아름다운 해바라기들이 보이고 꽃에 벌들이 보였다.

그리고 나는 나를 데리러 온 아름다운 황금수레 마차를 타고 천국으로 올라갔다.

수레 바깥에서 나를 수호하는 천사가 황금진주 대문에 양 옆에 서 있는 두 천사에게 말을 한다.

"문을 여시오."

그러면 그 두 천사는 목소리를 높여 이렇게 말하면서 문을 양쪽으로 밀듯이 활짝 열어준다.

"사라님 도착했다."

문이 열리고 나는 천국 안에 도착하였다.

나를 태운 황금수레 마차가 황금대로에서 조금 멀리 떨어져서 나를 내려놓는다. 그리고 수레 바깥에는 틴에이저 같은 그리고 초등생 같은 흰 옷 입은 두 날개 달린 천사들이 10명 이상이 보였다. 그들은 수레에서 내리는 나를 서로 시중하려 하였다.

그런데 오늘따라 이상한 것은 나는 매우 아름다운 다이아몬드 면류관을 쓰고 있었고 내가 오늘 입은 옷은 정말 눈이 부시도록 흰 옷을 입고 있었다는 것이다.

와우... 이렇게 하얀 옷이 있다니 정말 아무리 희게 빨아도 이보다 더 하얗게 되지 않을 정도로 형광빛이 나면서 하얗다.

그러면서 나는 주님께로 인도함을 받았는데 주님의 옷도 역시 오늘따라 너무나 너무나 하얗고 빛이 났다.

할렐루야.

그리고 주님과 나는 위로 직선으로 높이 비상하였다. 이런 경우는 구름을 타지 않고 그냥 위로 비상하는 것이다.

그리고 나서 저 먼 곳 위로 비스듬히 구름을 타지 않고 직접 날아서 그 빛나는 곳으로 향하여 갔다. 가까이 가는데 오색찬란한 궁이 보인다. 와~ 아주 예쁘다.

특히 붉은 색, 빨간색이 나는 지붕이 예쁘게 보였다.

거기에 도착하였는데 집 오른쪽 옆으로 생명수 시냇가가 흐르고 있었고, 거기는 천사들과 또한 흰 옷 입은 사람들 모두가 거기서 목욕하고 있었다. 그리고 그들은 거기서 놀고 있었다.

아름답다. 그런데 그 집에서 이사야가 나왔다.

이전에 이사야를 본적이 있는데 그 때도 하늘색 옷을 입었었는데 오늘도 그렇게 아래위로 입었다.

그 색깔은 참으로 깨끗하고 맑고 거룩한 느낌이 나는 색깔이었다. 우리는 이사야의 집에 들어가기 전에 생명수가 흐르는 시냇가 옆에서(이 시내는 참으로 커서 꼭 강같이 보였다. 그러므로 여기에 흰 옷 입은 자들이 목욕을 하고 있었다.) 테이블이 하나 놓였고 우리는 의자를 놓고 거기에 앉았다.

즉 그 테이블을 중심으로 주님과 나는 이쪽에 이사야는 저쪽 집 가까운 쪽으로 앉았다.

나는 이사야가 구약에서 구약의 복음서처럼 주님이 어떻게 죽을 것인가를 다 알고 써 놓은 것을 잠깐 생각했다.

참으로 대단했다.

[사 53:1-6]
(1)우리의 전한 것을 누가 믿었느뇨 여호와의 팔이 뉘게 나타났느뇨 (2)그는 주 앞에서 자라나기를 연한 순 같고 마른 땅에서 나온 줄기 같아서 고운 모양도 없고 풍채도 없은즉 우리의 보기에 흠모할 만한 아름다운 것이 없도다 (3)그는 멸시를 받아서 사람에게 싫어 버린바 되었으며 간고를 많이 겪었으며 질고를 아는 자라 마치 사람들에게 얼굴을 가리우고 보지 않음을 받는 자 같아서 멸시를 당하였고 우리도 그를 귀히 여기지 아니하였도다 (4)그는 실로 우리의 질고를 지고 우리의 슬픔

을 당하였거늘 우리는 생각하기를 그는 징벌을 받아서 하나님에게 맞으며 고난을 당한다 하였노라 (5)그가 찔림은 우리의 허물을 인함이요 그가 상함은 우리의 죄악을 인함이라 그가 징계를 받음으로 우리가 평화를 누리고 그가 채찍에 맞음으로 우리가 나음을 입었도다 (6)우리는 다 양 같아서 그릇 행하여 각기 제 길로 갔거늘 여호와께서는 우리 무리의 죄악을 그에게 담당시키셨도다.

　그리고서는 우리는 이사야의 집으로 들어갔다.

　들어갈 때부터 어린 천사들이 양쪽으로 쭉 늘어서 있었다.

　우리의 오른편과 왼편으로 약 10명씩은 서 있는 것 같았다.

　나는 이 장면이 참 궁금했는데 즉 왜 이 어린 천사들이 있는지 궁금하였다.

　주님과 나 그리고 이사야는 쭉 들어가서 의자에 앉았다.

　내가 이 어린 천사들이 무엇을 하는 자들이고 왜 여기 있는지 궁금하여 하니 그 이유가 그냥 내게 알아진다. 천국은 이런 곳이다. 내가 궁금해 하면 그 답이 그냥 알아진다.

　즉 그들은 이사야의 집에서 시중들고 일하는 천사들이라는 것이다. 생명수 시냇가에서 목욕한 흰 옷 입은 자들이 이사야의 집을 구경하러 들어온다 하였다.

　그리하였을 때에 이 어린 천사들이 그들을 안내하고 또한 집을 관리하고 있다고 하였다.

　할렐루야.

나는 내가 다시 올라올 때에는 이사야에게 질문할 거리를 가지고 와야겠다고 생각하고 내려왔다.

⑩
모세의 얼굴에 광채가 난 이유를 알게 하시다.

(2014. 7. 8)

천국에 올라갔다.

올라가면서 나를 수종하는 여섯 명의 천사들을 만났다.

수레를 가지고 나를 데리러오는 천사 두 명, 천국 문을 열어주는 천사 두 명, 그리고 내가 수레에서 내릴 때에 나를 수종하는 천사 두 명 이렇게 여섯 명이다.

그리고 나를 마중 나오신 주님과 함께 나는 재빨리 공중으로 비상했다. 그래서 나는 아하! 또 이사야 집으로 가는구나! 라고 생각했는데 그게 아니라 주님은 다시 내려오셔서 모세가 있는 모세의 궁 안의 광장으로 바로 내려오시는 것이었다.

보통 때처럼 계단을 올라간 것이 아니라 위로 비상하여 그 궁 안으로 바로 도착했다.

궁 안의 광장의 양쪽 벽쪽에 서 있는 천사들이 나를 보고 '하이 사라, 하이 사라' 라고 인사를 했다.

주님과 나 그리고 모세는 같이 테이블에 앉았다.

주님이 앉고 내가 주님의 오른편에 모세가 주님의 왼편에 와서 앉았다.

오늘은 모세가 황금빛이 있는 띠로 가장자리가 장식된 흰 옷을 입고 있었다. 그리고 모세가 나에게 황금지팡이를 건네주었다.

나는 그것을 내 옆에 있는 의자에 놓고 이제는 이것이 내 것이라고 했다. 그랬더니 모세가 맞다고 했다.

그리고 우리는 성경을 폈다.

나는 주님께 말했다.

나는 이사야 집으로 가는 줄 알았는데 주님이 나를 이곳으로 데리고 왔으니 주님이 나로 하여금 질문할 거리를 생각나게 하여 달라 했다. 그랬더니 어제 오늘 읽은 출애굽기에서 질문이 생겨났다. 모세의 얼굴이 두 돌판을 시내산에서 다시 갖고 내려왔을 때에 모세의 얼굴에 광채가 나서 사람들이 모세를 대하기를 두려워하였다는 구절을 읽었는데 그것에 대하여 물었다.

그 광채가 왜 났냐고?

[출 34:28-30]

(28)모세가 여호와와 함께 사십일 사십야를 거기 있으면서 떡도 먹지 아니하였고 물도 마시지 아니하였으며 여호와께서는 언약의 말씀 곧 십계를 그 판들에 기록하셨더라 (29)모세가 그 증거의 두 판을 자기 손에 들고 시내산에서 내려오니 그 산에서 내려올 때에 모세는 자기가 여호

와와 말씀하였음을 인하여 얼굴 꺼풀에 광채가 나나 깨닫지 못하였더라 (30)아론과 온 이스라엘 자손이 모세를 볼 때에 모세의 얼굴 꺼풀에 광채 남을 보고 그에게 가까이 하기를 두려워하더니

즉 나는 모세에게 왜 모세의 얼굴에 광채가 났냐고 물은 것이다.

한참 시간이 흐르더니

그 대답이 나에게 그냥 알아지는 것이었다.
즉 모세가 하나님이 하라는 대로 자신의 손을 품속에 넣었더니 흰 손이 되었고 다시 넣었더니 정상으로 돌아왔고 또한 하나님이 시키는 대로 지팡이를 던졌더니 뱀이 되고 그 꼬리를 다시 잡으니 지팡이로 돌아온 것이 생각나면서, 이 두 가지는 사람들이 안 믿을까보아 하나님께서 모세에게 그들 앞에서 행하라 라고 하셨던 기적이었다.

이와 마찬가지로 모세의 얼굴에 광채가 난 것은 하나님이 그렇게 만드신 것인데, 즉 이스라엘 민족들로 하여금 그들로 그 광채를 보게 하여 두려워하게 만들고 믿게 하기 위함이었다는 것이 알아졌다.
즉 사람들로 하여금 하나님이 모세를 보내셨다는 것을 믿게 하려고 잠시 하나님께서 모세의 얼굴에 광채가 나게 하셨구나! 하고 깨달아진 것이다. 할렐루야.

모세는 아론과 이스라엘 민족이 금송아지를 만들어 놓고 제사를 지내고 그 앞에서 춤을 추는 것을 보고 처음에 십계명을 받아온 두 돌판을 깨뜨려 버렸고 그 다음 다시 시내산에 올라가서 그가 두 돌판에 십계명을 받아 가지고 내려왔을 때에 그의 얼굴에 광채가 났던 것이다. 사람들은 이 모세의 얼굴에 광채가 나는 것을 보고 두려워하였다.

그러나 모세는 사람들이 자신의 얼굴에 나타난 광채, 그 영광을 보고 자신을 주목할까 보아 그리고 사람들이 자신의 얼굴을 보기를 두려워하므로 사람을 대할 때에 수건으로 얼굴을 가리웠다고 성경은 기록한다.

그러나 모세는 하나님을 만나러 갈 때는 그 수건을 풀었다.

즉 하나님은 사람들로 하여금 모세와 모세의 하나님을 믿게 하려고 모세의 얼굴에 광채가 나게 하셨다는 것이다. 할렐루야!

[출 34:32-35]

(32)그 후에야 온 이스라엘 자손이 가까이 오는지라 모세가 여호와께서 시내산에서 자기에게 이르신 말씀을 다 그들에게 명하고 (33)그들에게 말하기를 마치고 수건으로 자기 얼굴을 가리웠더라 (34)그러나 모세가 여호와 앞에 들어가서 함께 말씀할 때에는 나오기까지 수건을 벗고 있다가 나와서는 그 명하신 일을 이스라엘 자손에게 고하며 (35)이스라엘 자손이 모세의 얼굴의 광채를 보는 고로 모세가 여호와께 말씀하러 들어가기까지 다시 수건으로 자기 얼굴을 가리웠더라

나는 이것이 하나님의 영광인가? 아니면 천사들이 그 얼굴에 빛으로 나타났나? 별 생각을 다하여 보았다. 그러나 설사 모세의 얼굴에 나타난 것이 하나님의 영광이라 할지라도 그 광채가 나타난 이유가 하나님이 사람들로 하여금 하나님을 믿게 하고 두려워하게 하기 위함이라는 것이다.

즉 이러한 맥락이다.

아나니아와 삽비라가 밭을 팔고 돈 값을 속여서 베드로에게 가져오다가 둘 다 그 자리에서 죽어서 실려 나갔다.

이 소식을 들은 교회에는 두려움이 퍼져나간 것이다.

그들을 즉시 데려가신 이유는 사람들로 하여금 하나님을 두려워하게 하기 위함이었다. 그것처럼 모세의 얼굴에 하나님의 영광 즉 광채가 나타난 것도 사람들로 하여금 두려워하게 하기 위함이셨다는 것이다.

할렐루야.

모세의 얼굴에 왜 광채가 났었는지를 알게 하여 주신 하나님을 찬양합니다!

11

주님이 인간관계 속에서
힘들어 하는 나를
천국에서 위로하여 주시다.

(2014. 7. 9)

천국에 올라갔다.

천사가 말한다. '주인님, 어서 오세요. 힘내세요!' 라고 말한다.

내가 요즘에 인간관계에서 생긴 환란으로 많이 힘들어 하고 있었다. 내가 나를 데리러 온 수레에 타니 주님이 벌써 수레 안에 앉아 계셨고 그 옆에 천사가 한 명 있었다.

그리고 수레 안에는 황금 바께스 안에 생명수 물이 담겨져 있었고 주님은 그 생명수 물을 천사가 내게 컵으로 떠먹이게 하셨다. 약 반 정도 받아 마셨다.

그리고 그 수레는 천국입구에 도착하였다.

천사는 생명수를 담은 황금 바께스를 가지고 날아갔고 주님과 나는 수레에서 내렸는데 내릴 때에 보니 주님과 나의 옷이 빨래를 해도 그렇게 희게 될 수 없을 정도로 흰 옷이었다.

주님과 나는 구름을 타지 않고 위로 날았다.

주님과 나는 어디로 갔냐면 꽃밭으로 갔다.

꽃이 수없이 피어 있는 꽃밭이었다.

주님이 이전에 나에게 이렇게 말씀하셨다.

"이 꽃밭을 내가 너에게 주노라."

그 꽃밭에서 주님과 나는 걷다가 다시 날았다.

주님의 팔과 내 팔을 거의 겹친 상태에서 날고 있음이 알아졌다. 이것은 꼭 주님과 내가 하나가 된 느낌을 주었다.

그 때의 그 기쁨이 얼마나 크고 충만한지....... 정말 인간의 말로는 표현이 불가능하고 내 안에 기쁨의 생수가 크게 넘쳐나는 기분이었다.

그러면서 주님과 나는 정원 위를 날아서 유리바다가 있는 곳까지 갔다. 거기에 백조가 떠 있었다.

보통 민물에 백조가 있는지 모르지만 천국의 유리바다에도 백조가 있었다. 또한 조가비 배가 우리를 기다리고 있었다.

그 조가비 배는 분홍색 빛이 나면서 참으로 아름다웠다.

그리고 그 빗살무늬가 아름다웠다.

어쩌면 그렇게 실제 같은 것으로 보이는지.....

주님과 나는 그 조가비를 탔다.

그리고 조금 후에 주님과 내가 타고 있는 조가비 위로 황금 독수리가 날아 왔다. 그 황금독수리 위에는 의자가 두 개 있었다.

주님과 내가 그 의자에 타자 황금독수리가 말을 한다.

'자기를 자주 불러 달라' 하였다. 그러고 보니 주님이 그 독수리를 부르신 것이다. 주님과 나는 독수리를 타고 날았다.

한참 날다가 독수리는 주님과 나를 이사야의 집에 내려놓았다.

주님과 나 그리고 이사야는 집 바깥, 생명수 있는 강가 옆에 좀 떨어져서 놓여 있는 테이블에 앉아 있다가 이사야가 자신의 집안을 구경시켜 주었다.

그리고 그는 자신이 가지고 있는 아주 큰 배를 구경시켜 주었다. 그리고 그 배를 즉시 유리바다에 띄워서 자신도 함께 주님과 나를 거기에 태워주는 것이었다.

그 배는 엄청나게 큰 배였다.

이사야가 말했다. 자신은 이 배를 가지고 유리바다에 가서 타는 것을 좋아한다 하였다. 그리고 그는 갑판 위에서 두 손을 벌리고 하늘을 향하여 벌린 것처럼 야호! 하면서 좋아했다.

할렐루야! 그리고서는 내려왔다.

오늘은 주님께서 나에게 생명수를 먹이시고 또한 꽃밭 위로 날면서 나에게 기쁨이 충만케 하시고 또한 이사야의 집에 와서 그가 가진 배를 타게 하신 것이다.

왜 이런 일이 일어났는지를 나는 천국에서 내려와서 생각하여 보았다. 내가 요즘에 인간관계로 너무 힘들어 하고 있으니 주님께서 나를 위로하여 주신 것으로 밖에 이해가 되지 아니한다.

주님은 모든 것을 알고 계시는 분이시다. 내가 얼마나 힘들어 하는지도 아신다.

할렐루야. 주님 감사합니다. 동행하여 주셔서 감사합니다.

함께 하여 주셔서 감사합니다.

12

모세의 온유함이 온 지면위에 승하더라는 뜻이 밝혀지다.

(2014. 7. 10)

천국에 올라가는 수레 안에 벌써 나를 위하여 천사 한 명이 타고 있었고 그 천사는 나에게 생명수가 든 병을 나에게 먹였다.

그리고 수레는 황금대로 옆 왼쪽에 도착하였는데 보통 때에는 주님이 늘 황금대로 오른편에서 나를 기다리고 계시면서 나를 맞아 주셨는데 오늘은 내가 내리자마자 주님이 수레로 오셔서 내 손을 그분의 구멍 뚫린 손으로 잡아서 맞아 주셨다.

그리고 주님은 나를 데리고 꽃밭으로 가셨다.
이 꽃밭은 주님이 나에게 주신 꽃밭이다.
꽃밭에 있는 꽃들은 정말 아름다웠다.
그 넓은 꽃밭에는 형형색색의 꽃들이 쭉 펼쳐져 있었다.
주님이 내게 이 꽃밭을 주셨는데 나는 처음에 혹 이 꽃밭이 내 집 뒤쪽으로 연결되는 것인가 하고 생각했는데 그러나 곧 나는 이렇게 큰 꽃밭이 내 집 뒤에 있으리라고는 생각하지 못했다.

그리고 나는 내가 알기로 이전에 주님과 함께 가본 것에 의하면 이 꽃밭의 끝에는 유리바다가 있었다.

그리고 나는 오늘 이 꽃밭 안에 주님과 내가 늘 가서 앉는 벤치가 놓여 있다는 것을 발견하였다. 즉 늘 주님은 이 꽃밭 안에 있는 벤치로 나를 여태까지 데리고 오셨던 것이다. 이것을 오늘 발견한 것이다. 천국은 그렇다. 처음에는 조금씩 밝혀지다가 나중에 알게 된다.

즉 내가 정원에 있는 벤치로 주님과 같이 갔다는 곳이 바로 이 꽃밭 안에 있는 것이었다. 할렐루야.

그런데 나는 이 사실을 알고 얼마나 감사하고 감개가 무량한지 사실은 눈물이 날 뻔했다. 나는 너무 감격하여 내 지상의 몸이 조금 들썩거렸다. 눈물이 찡하면서 말이다. 왜냐하면 나는 늘 주님과 함께 이 벤치에 와서 내가 질문도 하고 많은 이야기를 나누었기 때문이다. 그런데 그 벤치가 바로 나에게 준 그 넓은 꽃밭 안에 있는 것이었다니!

주님은 최근에 나에게 이 꽃밭을 주신다고 말씀하셨는데 이 꽃밭 안에 바로 주님과 내가 늘상 가서 얘기하던 벤치가 놓여있다는 것이다. 할렐루야! 이 꽃밭을 내게 주신다는 것이다.

전능하신 주님은 이 사실도 알고 계셨으리라. 즉 나는 몰랐지만 미리 이 꽃밭을 내게 주실 것을 계획하시고 나를 늘 그 꽃밭의 벤치로 인도하신 것이다. 나는 이렇게밖에 해석이 되지 않는다. 할렐루야!

주님께서는 나하고 조금 심각한 이야기를 하려고 하면 늘 나를 이 벤치로 인도하셨던 것이다. 할렐루야.

오늘도 나는 주님과 함께 이 벤치에 앉아 있는데 베드로가 하얀 옷을 입고 나타났다.

그리고 그 다음은 이사야가 하늘색 옷을 입고 나타나는 것이었다. 오늘은 이사야의 얼굴이 조금 더 잘 보인다. 그런데 그의 얼굴은 많이 잘 생긴 얼굴은 아니었다. 오히려 조금 못 생긴 얼굴이라 할 수 있다.

그리고 사도 바울이 왔다.

그리고 또 조금 있으니 에스더가 왔고 또 조금 있으니 모세가 왔다. 그리고 그 다음은 사도 요한이 왔다.

이 여섯 명이 벤치에 앉아 있는 주님과 내 앞에서 부채처럼 나란히 쫙 늘어섰다.

그리고 그들은 말없는 말을 나에게 전달하였다.

그들은 언제든지 내가 원하면 올 수 있다고 했으며 또한 언제든지 질문이 있으면 그들은 언제든지 대답하여 주겠다는 말을 하였다. 이것이 다 생각으로 전달되었다. 할렐루야.

즉 언제든지 내가 그들이 필요하면 즉각 오겠다는 것이다.

할렐루야.

그리고 그들은 그렇게 부채 모양으로 나란히 서 있다가 동시에 그들은 위로 부상하여 올라가고 보이지 않게 되었다.

그리고 조금 있으니 토마스 주남이 왔다. 나는 이전에 이 정원의 벤치에서 토마스 주남을 본 적이 있다.

그 다음은 우리 아버지가 왔다.

그리고 또 조금 있으니 약 몇 개월 전에 돌아가신 나와 친분이 있었던 오메리 목사가 왔다.

또 조금 있으니 약 6년 전에 돌아가신 이동은 목사님 사모가 왔다. 이들은 다 지상에 있었을 때에 내가 아는 자들이었다.

그리고는 그들도 사라졌다.

그리고 나서 나는 어느새 주님과 함께 모세를 만나는 자리에 와 있었다. 그곳은 모세의 궁 안에 넓은 광장 안에 놓여 있는 테이블이었다. 주님은 테이블 머리의 주님의 자리에 그리고 내가 그 오른편쪽 테이블에 그리고 모세가 주님의 왼편쪽에 앉았다.

나는 이제 이 자리가 꼭 고향에 온 느낌을 받았다.

왜냐하면 내가 있어야 할 자리가 여기인 것처럼 느껴졌다. 왜냐하면 요즘에 늘 이 자리에 와서 주님이 계신 자리에서 모세와 성경에 대하여 이야기를 나누었기 때문이다.

그리고 그렇게 앉아 있는데 갑자기 나와 모세 앞에는 성경책이 펼쳐졌다.

나는 그 순간 성경책에서 '모세의 온유함이 온 지면에 승하였더라.' 하는 말씀이 생각이 났다. 그러면서 '주님, 저도 모세가 가진 온유함을 갖게 하여 주시옵소서' 라고 기도하는 마음으로 앉아 있는데 그 때에 갑자기 나에게 생각으로 깨달아지는 것이 있었다.

나의 궁금증은 '왜 이 말(모세의 온유함이 온 지면에 승하였더라)이 하필이면 모세가 구스 여자를 취하였을 때에 미리암과 아론이 모세를 찾아와서 나무랐을 그 때에 적혀 있는가?' 하는 것이었다.

나는 평소에 여기를 읽으면서 모세의 온유함이 온 지면에 승하더라하는 말이 왜 갑자기 여기서 나타날까? 그리고 이 말이 무슨 뜻일까? 하는 의문이 그치지 않았었다.

그런데 오늘 아침에 이것이 풀리게 된 것이다.

아니 주님이 내게 천상에서 깨닫게 하여 주신 것이다.

할렐루야.

[민 12:1-4]

(1)모세가 구스 여자를 취하였더니 그 구스 여자를 취하였으므로 미리암과 아론이 모세를 비방하니라 (2)그들이 이르되 여호와께서 모세와만 말씀하셨느냐 우리와도 말씀하지 아니하셨느냐 하매 여호와께서 이 말을 들으셨더라 (3)이 사람 모세는 온유함이 지면의 모든 사람보다 승하더라 (4)여호와께서 갑자기 모세와 아론과 미리암에게 이르시되 너희 삼인은 회막으로 나아오라 하시니 그 삼인이 나아가매

즉 지난번에 주님과 모세가 이 구절들에 대하여 나에게 말씀하여 주신 것이 있는데 그것은 미리암과 아론이 모세에게 와서 너는 이제 구스 여자를 취하는 잘못을 범하였으니 이제 너는 지도자 자격을 상실하였고 그리고 하나님이 너와만 이야기 하였냐 우리와도

말씀하지 아니하였느냐 하면서 그들이 모세를 지도자의 자리에서 끌어내리려고 하였었다는 것, 그리고 그들 자신이 이스라엘의 지도자 역할을 하고자 했다는 것을 생각나게 하시면서 아하! 그래서 '모세의 온유함이 지면에 승하더라.' 하는 말이 여기에 기록이 되어 졌구나. 이해가 되어진 것이다.

즉 그들이 모세더러 이제 너는 지도자 자격이 없으니 이제 우리가 그 지도자 자리를 대신 하겠다고 덤벼들었을 때에 모세는 그들과 같이 대항하지 아니하였다는 것이다.

그래서 그 대목에 '이 사람 모세는 온유함이 지면의 모든 사람보다 승하더라.' 라고 적혀 있는 것이었다.

이것이 이렇게 나에게 그 테이블에 앉은 상태에서 이해가 되는 순간에 모세가 나에게 이렇게 말하는 것이었다.

'주님이 그 때에 나에게 온유할 수 있는 마음을 주셨어요.'라고 하면서 모세가 눈물을 흘리는 것이 보였다.

할렐루야.

주님이 주신 온유함을 가지고 그들을 대하였으니 그 온유함이 얼마나 컸겠는가 하는 것이다. 그래서 성경은 이렇게 기록하고 있는 것이다.

[민 12:3]
이 사람 모세는 온유함이 지면의 모든 사람보다 승하더라.

할렐루야. 오늘 이 깨달음을 주신 주님을 찬양합니다.

주님은 오늘 내게 이 깨달음을 주신 것이다.

그러면서 나에게 전달되는 메시지는 나도 혹 누군가가 내가 하나님의 일을 감당하고 있을 때에 나를 그 자리에서 끌어내리기 위하여 어떠한 혹독한 말을 하더라도 거기 대항하지 말라는 메시지였다. 주여!

그리고 이것을 모두 아시는 하나님은 그 세 사람을 회막으로 불렀다. 그리고 하나님께서 그들 앞에서 재판을 하신 것이다.

[민 12:4-10]

(4)여호와께서 갑자기 모세와 아론과 미리암에게 이르시되 너희 삼인은 회막으로 나아오라 하시니 그 삼인이 나아가매 (5)여호와께서 구름기둥 가운데로서 강림하사 장막 문에 서시고 아론과 미리암을 부르시는지라 그 두 사람이 나아가매 (6)이르시되 내 말을 들으라 너희 중에 선지자가 있으면 나 여호와가 이상으로 나를 그에게 알리기도 하고 꿈으로 그와 말하기도 하거니와 (7)내 종 모세와는 그렇지 아니하니 그는 나의 온 집에 충성됨이라

(8)그와는 내가 대면하여 명백히 말하고 은밀한 말로 아니하며 그는 또 여호와의 형상을 보겠거늘 너희가 어찌하여 내 종 모세 비방하기를 두려워 아니하느냐 (9)여호와께서 그들을 향하여 진노하시고 떠나시매 (10)구름이 장막 위에서 떠나갔고 미리암은 문둥병이 들려 눈과 같더라. 아론이 미리암을 본즉 문둥병이 들었는지라.

하나님께서 말씀하시기를 하나님은 다른 선지들과는 꿈으로 환상으로 말하지만 내 종 모세와는 직접 대면하여 말씀한다고 하신 것이다.

그리고 하나님은 그를 내 집에서 충성된 자라 말씀하셨다.

그러면서 오히려 모세의 자리를 탐하는 미리암과 아론에게 하나님이 진노하셨던 것이다. 할렐루야.

그리고 이 일에 앞장섰던 미리암을 하나님이 문둥병이 나게 하셨다.

이 메시지는 참으로 우리에게 하시는 말씀이다.

우리는 주의 일을 감당할 때에 우리를 대적하여 주의 일을 못하게 방해하여 끌어내리려 하는 자들이 있으면 하나님은 우리가 모세처럼 그들에게 온유하게 대하기를 원하시는 것이다.

할렐루야.

그러면 하늘에서 하나님이 보시고 그 주의 종을 대적하는 자를 하나님이 벌하시겠다는 것이다. 아멘.

그러므로 주님이 우리에게 원하시는 것은 모세가 미리암과 아론에게 보였던 그 온유함을 원하시는 것이다. 할렐루야.

이 모세의 온유함은 이스라엘 민족이 가나안 정탐 후에 한 장관을 세우고 애굽으로 돌아가자 할 때에도 나타났다.

[민 14:1-5]

(1)온 회중이 소리를 높여 부르짖으며 밤새도록 백성이 곡하였더라
(2)이스라엘 자손이 다 모세와 아론을 원망하며 온 회중이 그들에게 이

르되 우리가 애굽 땅에서 죽었거나 이 광야에서 죽었더면 좋았을 것을 (3)어찌하여 여호와가 우리를 그 땅으로 인도하여 칼에 망하게 하려 하는고 우리 처자가 사로잡히리니 애굽으로 돌아가는 것이 낫지 아니하랴 (4)이에 서로 말하되 우리가 한 장관을 세우고 애굽으로 돌아가자 하매 (5)모세와 아론이 이스라엘 자손의 온 회중 앞에서 엎드린지라.

즉 지도자인 모세와 아론이 이스라엘 자손의 온 회중 앞에 엎드린 것이다. 자기가 지도자라 하는 자는 엎드리기는 커녕 아마도 그들을 호통을 쳤을 것이다.

그런데 모세는 오히려 그들 앞에 엎드렸다.

이 온유함, 이 온유함이 도대체 어디서 왔을까 하는 것이다.

주님은 말씀하신다.

[마 11:29]
나는 마음이 온유하고 겸손하니 나의 멍에를 메고 내게 배우라 그러면 너희 마음이 쉼을 얻으리니

나는 주님께 이 모세의 온유함을 달라고 했다.

[민 12:3]
이 사람 모세는 온유함이 지면의 모든 사람보다 승하더라.

할렐루야.

주여 오늘 감사합니다.

저에게 꼭 맞는 메시지를 주신 하나님을 찬양합니다.

오늘 주님은 나를 모세를 만나는 자리로 인도하신 것이 바로 이 깨달음을 주시려고 오게 하신 것을 알게 되었다.

할렐루야.

13

천국과 지옥 간증 책제목, '이제도 있고 전에도 있었고 장차올 자 예수 그리스도' 가 도전을 받다.

(2014. 7. 11)

천국에 올라갔다.

나를 데리러 온 수레 안에 주님이 이미 와 계셨다.

나는 주님 앞에서 눈물을 흘리고 있었다. 영인 나는 울고 있었다. 주님은 수레 안에서 나를 바라만 보고 계셨다.

그것은 오늘 천국지옥 간증집 제1권의 첫째 제목이 '이제도 있고 전에도 있었고 장차올 자 예수 그리스도' 라고 정하여 보냈고 그리고 부제로 '과학자였던 서사라 목사의 천국과 지옥 간증 수기'라고 해서 출판사에 보냈다.

출판사(결국 이 출판사에서 책을 출판하게 되지 않았고 다른 출판사에서 이 책이 출판되게 되었다) 에서는 즉 다른 사람들은 책이 다른 사람들의 눈을 끌기 위하여 부제인 '천국과 지옥간증수기' 를 먼저 표제로 정한다는 것이다.

그러나 나는 그것이 아니라 주님이 나에게 주신 제목 '이제도 있고 전에도 있었고 장차 올 자 예수 그리스도'를 표제로 삼기를 고집했다.

즉 주님을 먼저 높이고 그리고 그 주님 아래에서 우리가 모든 것을 하고 있다는 것을 나타내고자 한 것이다.

몇 시간 전에 그러한 대화가 오고 갔었는데 그 후에 나는 천국에 올라갔다.

내가 천국에 올라가는 수레 안에서 주님이 벌써 와 계셨고 나는 주님 앞에서 영으로 엉엉 울고 있었다. 주님은 우는 나를 말없이 보고 계셨다.

내가 울었던 이유는 그렇게 제목을 바꾸면 주님이 낮아지는 것 같아서였다. 세상 사람들은 주님을 자꾸 낮추려 한다. 그것이 슬퍼서 내 영이 주님 앞에서 엉엉 울고 있었던 것이다.

그리고 수레가 천국에 도착하자 주님은 내 손을 잡으시고 내리셨는데 그곳은 황금대로가 보이는 곳이 아니라 아주 넓은 다른 곳이었다. 나와 주님은 벌써 언제 이동하였는지 흰 옷 입은 수많은 무리들 앞에 서 있었다.

그들은 우리를 환영하고 있었고 주님은 그들에게 나를 소개하면서 '이 딸이 나를 높였다.'라고 말씀하셨다.

그랬더니 흰 무리들이 소리를 지르면서 나를 반기며 환호하여 주었다. 그리고 환호하면서 박수까지 쳐 주는 것이었다.

그리고 주님은 그들 앞에서 내 두 볼에 키스를 해주셨다.

할렐루야.

얼마나 감사한지...........

그리고 그 흰 옷 입은 무리들이 위로 들려 올려져서 사라졌고 주님과 나는 거기서 구름을 탔는데 그 구름은 모세를 만나는 장소인 즉 모세의 궁 안의 넓은 광장으로 주님과 나를 인도하였다.

그리고 주님과 내가 테이블에 앉았는데 모세는 오늘 아이보리색깔의 옷에 황금색 장식을 소매 끝에 또 각 옷의 가장자리에 장식한 옷을 입고 있었다.

그 옷은 고급스럽고 따뜻하게 보였다.

그런데 정작 나와 모세와의 대화는 이루어지지 아니하였다.

나는 이런 경우에 내가 모세와 이야기할 준비가 되지 않아서 대화가 열리지 않았다고 생각하며 내려와야 했다. 할렐루야.

14

하나님 앞에 다른 불을 드린 나답과 아비후가 여호와의 불에 의하여 살라지다.

(2014. 7. 12)

천국에 올라갔다.

보통 때와 같이 여섯 명의 천사들이 나를 수호하고 섬겼다.

(두 명은 수레를 가지고 나를 데리러 오는 천사들, 두 명의 천사는 천국대문에서 문을 열어주는 천사들, 또 다른 두 명의 천사들은 내가 천국 안에서 수레에서 내릴 때에 나를 보조하여 주님께로 인도하는 천사들)

이들의 주위에 주황색이 보였고 흰 색의 날개들이 달린 천사들이 입은 흰 옷과 더불어 그 주황색이 아름답게 보였다.

주님이 수레까지 오셔서 수레에서 내리는 나를 직접 맞아 주셨다. 그리고 오늘은 주님이 수레까지 내리는 나를 직접 맞아 주셨으므로 원래 수레에서 내가 내릴 때에 나를 수종하는 흰 날개달린 두 천사는 그냥 주님 옆에 정중히 서 있었다.

천국에 도착한 나는 주님과 함께 곧 바로 주님이 나에게 주신 꽃밭으로 이동했다.

이 꽃밭은 주님이 나에게 주셨고 그리고 이 꽃밭의 끝에는 유리 바다가 있다.

또 이 꽃밭 안에는 주님과 내가 늘 오는 벤치가 있다.

참으로 놀랍다.

주님은 늘 나를 이렇게 이 꽃밭에 있는 벤치로 데리고 오시더니 결국 이 벤치가 놓여 있는 꽃밭을 나에게 주신 것이다.

처음에는 이것이 나에게 알려지지 않다가 주님이 나중에서야 나에게 알게 하여 주신 것이다.

이 꽃밭이 내 집의 정원과 연결된다는 것을........

주님과 나는 벤치로 와서 앉아 있다가 모세를 만나러 갔다.

때로는 주님과 말없이 그냥 앉아 있기만 하기도 한다. 그분과 말없이 앉아 있는 그동안에는 정말 좋다. 내 안에 형용할 수 없는 기쁨이 솟아오르는 것이다.

주님과 나는 그렇게 벤치에 앉아 있다가 모세를 만나는 궁으로 갔다. 이 궁은 참으로 특별한 궁이다. 나는 이 궁을 모세의 궁이라 부른다. 이 궁에 대하여는 앞에서 많이 이야기하였으므로 그만 생략한다.

큰 광장 같은 곳 앞쪽으로 테이블이 전후로 길게 놓여 있고 거기에 주님과 나 그리고 모세가 앉았다.

우리 앞에는 즉 모세와 내 앞에는 성경책이 놓여졌다.

그리고 나는 갑자기 아론의 아들, 나답과 아비후가 하나님 앞에 잘못된 관유를 드리다가 여호와의 불이 나와서 그들을 살라버린 것이 생각이 났다. (나중에 보면 이런 것도 주님이 다 생각나게 하여 주시는 것이다. 할렐루야!)

[레 10:1-2]
(1)아론의 아들 나답과 아비후가 각기 향로를 가져다가 여호와의 명하시지 않은 다른 불을 담아 여호와 앞에 분향하였더니 (2)불이 여호와 앞에서 나와 그들을 삼키매 그들이 여호와 앞에서 죽은지라.

[출 30:22-29]
(22)여호와께서 모세에게 또 일러 가라사대 (23)너는 상등 향품을 취하되 액체 몰약 오백 세겔과 그 반수의 향기로운 육계 이백 오십 세겔과 향기로운 창포 이백 오십 세겔과 (24)계피 오백 세겔을 성소의 세겔대로 하고 감람 기름 한 힌을 취하여 (25)그것으로 거룩한 관유를 만들되 향을 제조하는 법대로 향기름을 만들지니 그것이 거룩한 관유가 될지라 (26)너는 그것으로 회막과 증거궤에 바르고 (27)상과 그 모든 기구며 등대와 그 기구며 분향단과 (28)및 번제단과 그 모든 기구와 물두멍과 그 받침에 발라 (29)그것들을 지성물로 구별하라 무릇 이것에 접촉하는 것이 거룩하리라.

내가 그것을 생각하고 있는데 즉 아론의 아들, 나답과 아비후가 하나님 앞에 잘못된 관유를 드리다가 여호와의 불이 나와서 그들을 살라버린 것을 생각하고 있는 그 때에 나는 갑자기 주님과 모세의 얼굴에 급격한 진노가 보이면서 일어서기를 원하시는 것을 알았다. 즉 주님도 일어서셨고 모세도 일어섰으며 나도 일어섰다.

그리고 그 상황 즉 여호와의 불이 어떻게 여호와 하나님으로부터 나와서 그들을 사르게 되었는지를 알게 하여 주시는 것이었다. 그것은 사람을 태웠던 불, 이것을 여호와의 불이라 하는데 그 불이 그 자리에서 팍! 하고 생겨난 것이다. 마치 무에서 유가 창조되듯이······

그리고 갑자기 그 자리에서 생겨난 그 불이 그들을 살라서 죽게 하였다. 그 불은 하늘에서 떨어진 것도 아니었고 또는 어디에서 날아 온 것도 아니었다. 다만 그 자리에서 생겨난 불이었다.

주여!

이것이 어떻게 알아졌냐 하면, 저번에 내가 천지창조하신 하나님과 빽빽한 구름가운데 시내산에서 나타나신 하나님이 동일한 하나님이신가 하고 의심이 일어났을 때에 테이블 위에 있던 내 성경책이 갑자기 위로 2~3m 붕하고 공중으로 뜨더니 그 자리에서 불이 확 붙어 버린 것이 기억이 난 것이다. 할렐루야.

아론의 아들 나답과 아비후가 여호와 하나님 앞에 잘못된 불을 드리다가 여호와에게서 나온 불에 의하여 살라졌는데 그 불이 이와 같은 불이라는 것이 알아진 것이다.

할렐루야.

그때 나는 주님께 즉시 잘못을 빌었다. 내가 성경을 안 믿는 것이 아니라고 하면서 엉엉 울면서 잘못을 빌었더니 그 불에 타던 성경책이 다시 내게로 내려온 것을 기억한다.

이것처럼 여호와의 불이라고 하는 것은 어떤 근원지가 있어서 거기서 나오는 것이 아니라 그 자리에서 바로 생겨버리는 것이다. 마치 무에서 유가 생기듯이 말이다.

[i] 나는 성경을 읽으면서 여태껏 이것이 참으로 궁금했었다. 과연 여호와의 불이라는 것이 무엇일까? 하고.

이 불은 어디로부터 나오는 것일까?

하늘로부터 떨어지는 것일까?

아니면 지성소로부터 나오는 것일까?

아니면 분향단에서 나오는 것일까?

그런데 오늘 나는 여호와의 불이 어떤 것인지를 확실히 알게 된 것이다.

할렐루야.

즉 여호와의 불이란 바로 그 자리에서 순간적으로 생기는 불로 무에서 유가 생겨나듯이 갑자기 불이 생겨나 사람을 태워버리는 것이다.

즉 원래 무에서 유를 창조하시는 하나님께서 바로 그 자리에서 순간적으로 불이 생기게 하시는 것이다.

할렐루야!

[ii] 그리고 나서 나는 또 주님께 물었다.

"주님! 그들이 관유 기름을 조금 잘못 섞어서 만들었다고 하여 사람을 그냥 불에 살라버릴 정도의 무서운 하나님으로 제가 하나님을 다른 사람들에게 전해야 하는 것입니까?" 하고 질문했다.

이 질문에 주님은 이렇게 말씀하셨다.

"내가 그들에게 여러 번 기회를 주었느니라."

즉 그들은 한번만 그런 것이 아니었다는 것이다.

"그러나 그들은 결코 회개치 아니하였느니라."

즉 그들은 계속하여 그러한 잘못된 관유를 드리다가 하나님이 어쩔 수 없이 그들을 불로 살라버렸다는 것이다.

주여!

하나님은 이스라엘 민족이 죄를 지을 때마다 그들이 회개할 수 있도록 모세를 통하여 동물의 제사를 드릴 수 있게 율법을 주었다. 그런데 나답과 아비후는 계속 잘못된 관유를 만들어서 여호와 하나님께 드리면서도 그것을 죄로 여기지도 않았고 또한 회개하지도 않았다는 것이다. 주여!

그래서 결국은 하나님의 진노가 회개하지 아니하는 그들에게 임하여 그들을 불로 살라버리셨다는 것이다.

그들에게는 그들이 잘못하면 동물의 피의 제사가 있었다.

그러나 그들은 그것을 죄로도 여기지 아니하였다는 것이다.

우리에게는 우리가 잘못하면 예수의 피가 있다.

성경은 이렇게 말한다.

너희의 죄가 주홍빛 같다할지라도 흰 눈 양털처럼 희게 되리라.

즉 하나님은 그들을 여러 번 봐주시다가 그들이 전혀 회개하는 마음도 없고 알면서도 계속하여 죄를 짓는 그들에게 진노가 임하여 그들을 한 순간에 불에 살라버리신 것이다.

나는 여기까지 알고서는 나 나름대로의 고민이 생겼다.

"주님, 어떻해요? 제가 성경에 없는 이런 이야기를 사람들에게 전하면 저를 이단이라고 하면서 저를 핍박할텐데요. 잘못 받은 것이라고 하면서……"

내가 왜 이렇게 생각하냐면 성경에는 그들이 여러 번 그렇게 잘못된 불을 하나님께 드렸다는 말이 없고 단지 그들이 잘못된 관유를 드리다가 이것이 한 번만 그랬던 것인지 아니면 여러 번 그랬는지에 대하여는 아무런 말이 없다.

그런데 오늘 주님께서 나에게 가르쳐 주신 것은 그들이 한 번이 아니라 여러 번 관유를 잘못 만들어서 하나님께 드렸다는 것이다.

이렇게 걱정하는 나에게 주님이 말씀하셨다.

"너는 이 성경구절을 인용하라. '하나님은 인자하시고 노하기를 더디하시고…' 나는 그러한 자니라."

[시 145:8]
여호와는 은혜로우시며 자비하시며 노하기를 더디하시며 인자하심이 크시도다.

"나는 여러 번 그들을 용서하여 주려 하였었다. 만일 그들이 잘못을 뉘우치고 회개하기만 하면 말이다. 그런데 그들은 결코 회개하지 않았다."

"그러면 저는 하나님에 대하여 어떻게 전하여야 합니까? 한편으로는 공의로우시고 무서운 하나님, 또 한편으로는 우리를 위하여 그의 아들 독생자 예수를 보내셔서 십자가에서 돌아가게 하여 주신 사랑의 하나님 이 두 가지를 어떻게 균등하고 동등하게 전할 수 있습니까?"

주님은 말씀하신다.
"내가 거룩하니 너희도 거룩하라."
"이 말을 받아서 그대로 할려고 하는 자가 있고 또 이것을 들어도 무시하는 자가 있느니라. 너희는 이 말씀에 늘 가까이 가려고 해야 하느니라."
"네 알겠습니다. 주님"
나답과 아비후는 하나님의 말씀을 경홀히 여겼다. 하나님이 지시하신대로 관유를 거룩하게 만들어서 드려야 했는데 그들은 그들 마음대로 섞어서 잘못된 불을 하나님께 드린 것이다.

성경에는 이러한 말씀이 있다.
"여호와를 대적하는 자는 산산히 부서지리라."

그렇다.

주님의 말씀 자체가 너무 거룩하다.

우리가 한 말씀이라도 지키려고 하지 아니한다면 안 되는 것이다. 버릴 말씀이 하나도 없다는 것이다.

그러므로 우리는 알면서도 짓는 죄가 없어야 할 것이다.

그러나 모르고 순간적으로 죄를 지었다 할지라도 내가 죄를 지은 것을 아는 순간 우리는 즉시 회개하고 돌이켜야 할 것이다.할렐루야.

그러면서 나는 주님께 말했다.

"주님 저도 하나님 앞에 죄를 짓는 경우가 많은데 어떡합니까?"

그랬더니, '아하 예수의 피, 그 피를 의지하여 회개하면 되는 것이구나' 하고 알아졌다.

할렐루야.

그렇다.

그렇게 해서라도 거룩함에 이르고자 하는 자가 있고 아예 그렇게 하고자 하는 마음이 없이 하나님의 말씀을 무시하는 자들이 있는 것이다.

하나님은 하고자 하는 자들을 도와주시는 것이다.

나는 서 있다가 갑자기 내 의자 옆에 꿇어 엎드려서 머리를 땅에 갖다 대고 주님께 절하고 있었다.

'주님 저를 용서하여 주시옵소서' 하는 마음으로……

그런 후에 "내가 거룩하니 너희도 거룩하라." 하는 말씀이 천국에서 크게 울려 퍼지고 있었다.

그러면서 하얀 날개 달린 많은 천사들이 위로부터 나타나서 '거룩, 거룩' 하면서 거룩하신 주님을 찬양하고 있는 것이 천국에서 보였다.

할렐루야!

15

하나님께서 고기를 먹고 싶어 탐욕을 부린 자들을 죽이시다.

(2014. 7. 13)

주님이 천국에서 나를 맞아 주시고 주님은 바로 나를 번쩍 들어다가 모세를 만나는 자리 광장에 갖다 놓으셨다. 그리고 주님이 테이블 머리에 앉고 나도 모세도 각각의 자리에 앉았다.

아기천사가 공중에서 내 머리 위로 황금지팡이를 나에게 가져왔다. 아~ 너무 아름답다. 내 마음이 너무 기뻐한다.

이 황금지팡이는 모세가 나에게 준 것이다. 천국에서 모세를 만날 때면 이제 이 지팡이를 내가 갖게 된다. 이전에는 모세가 가지고 있었다.

또 다른 아기천사 한 명이 내 머리 위로 나에게 성경책을 가져 다 주었다.

모세에게도 다른 아기천사가 날아와서 성경책을 주고 갔다.

그리고 주님은 모세와 나, 둘을 보시고 말씀하시기를

'내가 너희를 무척 기뻐하노라' 라고 말씀하시면서 그리고는 우신다. 주여!

왜냐하면 그 우시는 이유가 내 마음으로 전달이 되었다.

모세와 내가 이렇게 앉아서 성경에 대하여 대화를 나눔으로 말미암아 나는 그것을 책으로 펴내면 사람들이 그것을 보고 주님에 대하여 더 잘 알게 되므로 기뻐서 눈물을 흘리신다 하였다. 주여!

이때 또 아기천사가 공중에서 손수건을 가지고 날아와서 주님의 눈물을 닦아 드렸다.

아~ 참으로 아름다운 장면들이다. 오늘따라 왜 이렇게 아기천사들이 나타나서 예쁘게 행동하는지......

나는 '주님, 어디서부터 시작해요?' 하고 물었더니

주님은 모세를 바라보고 '시작하라!' 라고 하셨다.

우리가 보는 부위는 이스라엘 민족이 하나님께서 주시는 만나로 만족하지 못하고 고기가 먹고 싶다고 원망 불평하였으므로 하나님께서 그것을 들으시고 그들에게 광야에서 메추라기를 실컷 먹이시는 부위였다.

주님이 광야에서 이스라엘에게 메추라기를 주심.

[민 11:4-6]

(4)이스라엘 중에 섞여 사는 무리가 탐욕을 품으매 이스라엘 자손도

252

다시 울며 가로되 누가 우리에게 고기를 주어 먹게 할꼬 (5)우리가 애굽에 있을 때에는 값 없이 생선과 외와 수박과 부추와 파와 마늘들을 먹은 것이 생각나거늘 (6)이제는 우리 정력이 쇠약하되 이 만나 외에는 보이는 것이 아무 것도 없도다 하니

그들은 하나님이 주시는 만나로 만족하지 못하였다.

고기를 먹기를 원하여 하나님과 모세에게 원망 불평하였던 것이다. 그래서 그들은 모세에게 왜 우리를 이 광야로 끌어내었냐고 원망했다. 애굽에서는 우리가 비록 종살이 하였으나 맛있는 것 실컷 먹었는데 하면서 말이다.

그런데 이것은 바로 우리의 모습이라는 것이 알아진다.

즉 하나님의 뜻과 그의 나라와 그의 의를 구하는 것보다 늘 우리의 육신의 정욕을 위하여 살고 있는 우리의 모습을 이스라엘민족을 통하여 그대로 보여주고 있는 것을 알 수 있었다.

주여!

[민 11:11-14]

(11) 모세가 여호와께 여짜오되 주께서 어찌하여 종을 괴롭게 하시나이까 어찌하여 나로 주의 목전에 은혜를 입게 아니하시고 이 모든 백성을 내게 맡기사 나로 그 짐을 지게 하시나이까 (12)이 모든 백성을 내가 잉태하였나이까 내가 어찌 그들을 생산하였기에 주께서 나더러 양육하는 아비가 젖 먹는 아이를 품듯 그들을 품에 품고 주께서 그들의 열조에게 맹세하신 땅으로 가라 하시나이까 (13)이 모든 백성에게 줄 고기를

내가 어디서 얻으리이까 그들이 나를 향하여 울며 가로되 우리에게 고기를 주어 먹게 하라 하온즉 (14)책임이 심히 중하여 나 혼자는 이 모든 백성을 질 수 없나이다

하나님은 모세의 이 기도를 들으시고 이스라엘 민족에게 고기를 즉 메추라기를 한 달 동안 실컷 먹이실 것을 약속하신다.

[민 11:21-23]
(21)모세가 가로되 나와 함께 있는 이 백성의 보행자가 육십만 명이온데 주의 말씀이 일개월간 고기를 주어 먹게 하겠다 하시오니 (22)그들을 위하여 양떼와 소떼를 잡은들 족하오며 바다의 모든 고기를 모은들 족하오리이까 (23)여호와께서 모세에게 이르시되 여호와의 손이 짧아졌느냐 네가 이제 내 말이 네게 응하는 여부를 보리라

그리고 하나님은 그대로 행하셨다.

[민 11:31-32]
(31)바람이 여호와에게로서 나와 바다에서부터 메추라기를 몰아 진 곁 이편 저편 곧 진 사방으로 각기 하룻길 되는 지면 위 두 규빗 쯤에 내리게 한지라 (32)백성이 일어나 종일 종야와 그 이튿날 종일토록 메추라기를 모으니 적게 모은 자도 십 호멜이라 그들이 자기를 위하여 진 사면에 펴 두었더라

나는 질문이 생겼다.

이스라엘 민족이 광야에 있었을 때에 그때는 사막기후인데 어찌 그 메추라기들이 썩지 않고 그들을 한 달 동안 먹일 수 있었을까하는 것이었다.

이 질문에 대하여 그냥 대답이 알아진다. 즉 아하 그때에 그들은 메추라기의 껍질을 벗기고 생것을 말려서 먹었었구나! 알아지는 것이다. 할렐루야!

그리고 그들은 말린 것을 저장하여 한 달 동안 코에서 냄새도 맡기 싫을 정도로 고기를 먹었던 것이다.

그런데 하나님은 고기를 먹고 싶어서 하나님 앞에 탐욕을 부린 자들을 고기를 씹기도 전에 치셨다. 즉 그들에게 진노하셔서 그들을 죽이신 것이다.

[민 11:33-35]
(33)고기가 아직 잇사이에 있어 씹히기 전에 여호와께서 백성에게 대하여 진노하사 심히 큰 재앙으로 치셨으므로 (34)그 곳 이름을 기브롯 핫다아와라 칭하였으니 탐욕을 낸 백성을 거기 장사함이었더라 (35)백성이 기브롯 핫다아와에서 진행하여 하세롯에 이르러 거기 거하니라

아하! 이제 그래서 이해가 되었다. 이것이 사람들에게는 경고가 되어 그 후에 40년 동안 한 번도 그들은 다시는 하나님께 고기를 먹여 달라고 원망 불평하지 않았다.

왜냐하면, 그들은 고기가 먹고 싶어 탐욕을 부린 자들이 하나님

앞에서 죽는 것을 보았기 때문이다. 그래서 하나님께서 그들에게 내리는 만나로 만족하는 법을 배운 것이다.

이때에 주님은 나에게 알게 하시기를 이 사건으로 인하여 여호수아와 갈렙은 하나님의 말씀을 거스리는 자는 죽는다는 사실을 알게 되었다는 것을 가르쳐 주셨다.

아하! 그래서 그들은 이스라엘 사람들이 가나안 정탐을 하고 돌아온 후에 그들이 한 장관을 세우고 애굽으로 돌아가자 하였을 때에 갈렙이 이렇게 말한 것이 깨달아졌다.

'하나님이 가나안을 우리에게 주실 것이다. 다만 하나님을 거스리지 말라.' 라고 말이다. 왜냐하면 갈렙과 여호수아는 하나님의 말씀을 거스리면 죽는다는 사실을 이 사건에서 배웠기 때문이다.

할렐루야.

[민 14:8-9]
(8)여호와께서 우리를 기뻐하시면 우리를 그 땅으로 인도하여 들이시고 그 땅을 우리에게 주시리라 이는 과연 젖과 꿀이 흐르는 땅이니라
(9)오직 여호와를 거역하지 말라 또 그 땅 백성을 두려워하지 말라 그들은 우리 밥이라 그들의 보호자는 그들에게서 떠났고 여호와는 우리와 함께 하시느니라 그들을 두려워 말라 하나

할렐루야.

그리고 정말 하나님을 거역한 모든 자들은 광야에서 다 죽어 엎드려지게 되었던 것이다.

[민 14:35-38]
(35)나 여호와가 말하였거니와 모여 나를 거역하는 이 악한 온 회중에게 내가 단정코 이같이 행하리니 그들이 이 광야에서 소멸되어 거기서 죽으리라 (36)모세의 보냄을 받고 땅을 탐지하고 돌아와서 그 땅을 악평하여 온 회중으로 모세를 원망케 한 사람 (37)곧 그 땅에 대하여 악평한 자들은 여호와 앞에서 재앙으로 죽었고 (38)그 땅을 탐지하러 갔던 사람들 중에 오직 눈의 아들 여호수아와 여분네의 아들 갈렙은 생존하니라

결국 하나님은 이스라엘 민족들이 신명기 8:3을 배우게 하고 싶었던 것이다.

[신 8:3]
너를 낮추시며 너로 주리게 하시며 또 너도 알지 못하며 네 열조도 알지 못하던 만나를 네게 먹이신 것은 사람이 떡으로만 사는 것이 아니요 여호와의 입에서 나오는 모든 말씀으로 사는 줄을 너로 알게하려 하심이니라.

하나님 앞에서 하나님이 주신 것에 만족하지 못하고 그 이상의 탐욕을 부린 자들은 모두 죽었다.

우리에게 주는 메시지는 하나님께서 우리에게 무엇을 주셨건 어

떠한 상황에 두셨건 우리는 그분을 원망 불평하지 말아야 하는 것이다. 왜냐하면 원망 불평하는 자에게 하나님의 진노가 임하기 때문이다.

[살전 5:16-18]
(16)항상 기뻐하라 (17)쉬지 말고 기도하라 (18)범사에 감사하라 이는 그리스도 예수 안에서 너희를 향하신 하나님의 뜻이니라.

16

천국에서 내 육신의 아버지와 시이소를 타다.

(2014. 7. 16)

천국에 올라가는 수레 안에 내 육신의 아버지가 미리 타고 계셨다. 아버지와 나는 천국에서 내려서 구름을 타고 주님과 함께 날았다. 그리고 아버지와 나는 천국에서 큰 구름으로 된 시이소를 탔다.

높이는 약 20층 정도 되는 지렛대가 시이소의 중앙에 놓여 있었고 그 양쪽 끝에 시이소가 달렸는데 이 시이소가 얼마나 큰 지 상상하여 보라.

왼쪽에는 내가 타고 오른쪽에는 아버지가 타셨다.

그리고 시이소는 이쪽으로 기울었다 저쪽으로 기울었다 하는데 얼마나 기분이 좋았는지 모른다.

주님은 내 쪽에 와서 같이 타시기도 하고 아버지 쪽으로 가셔서 같이 타시기도 했다.

그런 후에는 주님과 나 그리고 나의 육신의 아버지는 주님과 내가 늘 가는 정원으로 갔다. 그러고 나서 아버지는 천사와 함께 구름을 타고 아버지가 사시는 곳으로 가셨다. 천사가 아버지를 모시고 가는 것 같았다.

주님이 내게 말씀하신다.
"너는 내 종이라."
할렐루야! 아멘.
즉 사람의 종이 아니라는 말씀이다.
또 말씀하신다.
"너는 주의 종이라."
"그렇습니다. 주님 저는 주의 종입니다."
즉 이 말은 사람의 말이 아니라 주님의 말씀만 들어야 한다는 것이다. 할렐루야.

그리고서는 내려왔다.
이런 경우에 나는 생각하여 본다. 주님께서 오늘 이 말씀을 하시려고 아버지를 미리 수레에 타게 하셨고 그리고 나와 함께 시이소를 타게 하셨는가?
이것은 무엇을 의미하나? 아마도 내가 생각하기에 내 육신의 아버지에게 내가 주님의 종으로 쓰임 받게 될 것을 말씀하시고 또 우리 아버지는 그것에 기뻐하시는 것을 이렇게 표현하신 것이 아닌가 하고 생각되어진다. 할렐루야.
왜냐하면 그 이후에도 주님은 나를 아버지가 계신 곳으로 데리고 가셔서 아버지와 함께 테이블에 앉아서 내가 쓰임 받을 것이라 말씀하신 적이 있기 때문이다.

그리하였더니 아버지는 주님께 '사라가 주님의 뜻대로 잘 쓰임받기를 원합니다.' 라고 하신 것을 기억한다.

할렐루야.

⑰ 모세는 죽을 때에 하나님께 무한한 감사와 영광을 올려 드렸다.

(2014. 7. 16)

두 번째 올라갔다.

나를 데리러 온 황금보석 진주로 된 수레 안에 엄마 아버지가 결혼 때 입는 한국 한복을 입고 이미 앉아 계셨다. 나를 데리러오는 수레 안에는 전후로 이쪽에 앉는 자리가 있고 저쪽에 앉는 자리가 있는데 나는 이쪽에 앉아 있었고 내 부모님은 저쪽에 앉아 계셨는데 우리 사이에는 불투명한 천 같은 것으로 칸막이가 되어 있었다.

즉 서로 잘 알아보지 못할 정도로 불투명한 천이 가운데 위에서 아래로 놓여져 있었는데 그러나 우리는 서로를 알았다. 누구인지. 나와 아버지와 엄마는 천국에 도착하자 다 같이 내렸다.

그리고 주님이 나의 부모님이 있는 데서 내게 말씀하신다.

"너는 내 딸이라."

즉 나의 육신적인 부모님들 앞에서 주님은 명백히 내가 그들의 딸이 아니라 자신의 딸이라는 것이다. 그렇다. 천국에는 그렇다. 누가 반박하랴.

주님은 오늘 이것을 나에게 명확히 하시려고 나의 육신의 아버지 엄마를 미리 수레에 있게 하시고 이렇게 그들이 있는 곳에서 나에게 그렇게 말씀하셨다.

나의 어머니와 아버지는 그분들이 가실 곳으로 갔다.

그리고 주님은 지금 자신이 나의 영원한 아버지이신 것을 확실히 하고 계시는 것이었다. 할렐루야.

그렇다. 주님만이 나의 영원한 아버지이신 것이다.

그리고 주님은 나를 바로 모세를 만나는 테이블에 앉게 하셨다.

모세가 테이블 저쪽에 앉아 있었고 나는 그에게 말했다.

"난 잘 모르니 모세님이 가르쳐주시고 알으켜 주세요."

진심이었다.

모세는 가만히 앉아 있었다.

그리고 모든 것이 생각으로 알아졌다.

우리가 가는 곳은 바로 가나안 정탐 사건이었다.

하나님은 그들의 정탐일 40일을 40년으로 계산하여 그들로 광야에서 40년을 유리케 하셨다. 그들이 다 엎드려 죽기까지 하나님이 기다리신 것이다.

나는 모세에게 물었다.

'느보산에서 죽을 것이라는 것을 알고 하나님이 원망스럽지 아니하였냐?'고 말이다. 즉 반석에게 명하지 않고 두 번 지팡이로 물이 나오라고 쳤다고 가나안에 들어가지 못하게 하신 것에 대하여 원망스럽지 않았냐고 물은 것이다.

그랬더니 모세가 나에게 이렇게 말했다.

아니라고 자신은 오히려 하나님께 무한한 영광과 감사를 올렸다고 했다.

즉 자기를 이렇게 이스라엘 민족을 끌어내는데 그리고 그들을 40년간 광야에서 이끄는데 쓰임 받게 하신 하나님께 무한한 감사를 드렸다는 것이다. 할렐루야.

그는 오히려 자신이 쓰임 받을 만큼 일을 다 하고 가는 것에 대하여 참으로 하나님께 감사하였다는 것이다. 할렐루야. 주여!

모세의 인생을 보면

40년 .... 자라고 세상에서 있는 기간

40년 .... 미디안 광야에서 훈련 받는 기간

40년 .... 하나님의 일을 감당하는 기간

나는 모세가 미디안 광야에서 40년간 양을 친 것은 이스라엘 민족을 광야에서 40년간 이끄는 목자가 될 것을 하나님이 미리 아시고 미디안 광야에서 양치는 훈련을 40년간 하셨다는 것이 알아졌다. 할렐루야.

이제는 양 대신 사람들을 치게 된 것이다. 얼마나 하나님은 우리를 알맞게 훈련시키시는지....

즉 미디안 광야에서는 양이었으나 광야에서는 사람들이었다는 것이 다르다.

할렐루야.

이 말씀은 곧 하나님은 그들이 가나안 정탐시에 불순종할 것을 다 알고 계셨다는 것이다. 그래서 모세를 미디안 광야에서 40년 동안 양치는 훈련을 하게 하셨다는 것이다.

오 마이 갓!

하나님은 우리를 어디까지 알고 계실까?

하나님은 우리에 대한 계획을 어디까지 알고 계실까? 하는 것이다.

시편에 다윗은 우리의 날이 한 날도 되기 전에 책에 다 기록이 되었나이다. 라고 말한다.

[시 139:16]

내 형질이 이루기 전에 주의 눈이 보셨으며 나를 위하여 정한 날이 하나도 되기 전에 주의 책에 다 기록이 되었나이다.

모세가 죽기 전에 여호수아가 모세에게 안수를 받았다.

하나님의 계획은 모세가 이스라엘 민족을 애굽에서 이끌어 내는 것이었고 그리고 40년 동안 광야에서 이스라엘 민족을 양처럼 돌보고 치는 것이었고 그리고 그것을 다 한 후에는 그의 임무가 다 끝난 것이었다.

그리고 그 이후는 하나님께서 여호수아를 통하여 이스라엘 민족을 가나안으로 인도하시는 것이 하나님의 뜻이었다. 할렐루야.

즉 모세는 주님의 경륜 안에서 죽을 때까지 충성을 다하였던 것이다.
할렐루야.

[민 12:7]
내 종 모세와는 그렇지 아니하니 그는 나의 온 집에 충성됨이라

할렐루야.

우리도 사는 날 동안 주님께서 우리에게 맡겨주신 일에 충성하다가 가는 것이 우리의 임무인 것이다. 맡겨주시지도 아니한 일에 욕심을 내어서는 안 된다는 것이다. 주여!

40년 동안 하나님은 이스라엘 민족을 광야에서 훈련시키면서 그분의 말씀에 순종하는 자들로 만드시기를 원하셨다.
그리고 가나안정탐 때에 잡혀서 죽을 것이라고 했던 그 아이들이 장성하여 가나안으로 들어가게 되었던 것이다.

[신 8:2-3]
(2)네 하나님 여호와께서 이 사십년 동안에 너로 광야의 길을 걷게 하

신 것을 기억하라 이는 너를 낮추시며 너를 시험하사 네 마음이 어떠한
지 그 명령을 지키는지 아니 지키는지 알려하심이라 (3)너를 낮추시며
너로 주리게 하시며 또 너도 알지 못하며 네 열조도 알지 못하던 만나를
네게 먹이신 것은 사람이 떡으로만 사는 것이 아니요 여호와의 입에서
나오는 모든 말씀으로 사는 줄을 너로 알게 하려 하심이니라

18

왜 모세의 시체를 가지고 천사장 미가엘이 마귀와 다투었는지를 알게 하시다.

(2014. 7. 19)

열심히 기도한 후에 천국에 올라갔다.

수레 안에 저쪽 편에 한 바구니에 노란 새끼 병아리들이 담겨져 있었다. 너무 예쁘다.

수레는 천국의 대문을 통과하여 황금대로 좌편에 도착하였다.

바구니에 담겨 있던 병아리들이 아기천사들로 변하여 수레 바깥으로 날아 나간다.

아~ 너무 아름답다!

그리고 나는 수레에서 내려서 황금대로 우편에 있는 주님을 만났다. 주님은 나와 즉시 어느 새로운 길로 나를 인도하셨다.

말씀하시기를 '내가 너를 오늘 새로운 길로 인도한다.'라고 말씀하시면서 말이다.

길은 약 서너 사람이 걸을 수 있는 폭으로 한얀 옥색으로 된 길이었다. 그 길이 쭉 나있었다.

양쪽으로는 꽃이 아니라 불길이 우리 허리 높이 정도로 일고 있었고 우리는 그 불속에 난 길 즉 그 바닥이 흰 옥색인 길을 주님과 내가 걷고 있었다.

나는 즉시 그 불길이 성령의 불길인 것을 알 수 있었다.

주님과 나는 그 불길을 통과하고 있었다.

그리고 저 멀리 출구가 보인다. 동그란 출구이다.

그러니까 이 불길이 일고 있는 이곳은 큰 통 안에 있는 것과 같았다. 우리는 그 동그란 출구를 통하여 밖으로 나왔다.

거기서부터는 꽃밭이 시작되면서 주님과 내가 늘 오는 정원과 벤치가 보였다. 할렐루야.

그리고 주님과 나는 그 벤치에 잠시 앉았다가 다시 성령의 불길이 일던 쪽의 반대방향으로 걸어갔다.

그렇게 걸으면 그 끝은 주님과 나를 유리바다로 인도하였다.

즉 그 모래사장은 금모래로 되어 있었고 그 모래사장 저편에는 또 벤치가 하나 있었다.

이전에 주님과 내가 여기 와서 앉았을 때에 베드로가 와서 앉곤 하였던 그 자리이다.

아하! 이제야 이 정원이 어떻게 생겼는가가 오늘 조금 들어왔다.

주님은 이 정원을 나에게 주신다하였다.

이 아름다운 꽃밭을 말이다.

그리고 이 꽃밭이 유리바다 앞에 놓여 있는 것을 알겠다.

분명 나의 집과는 다른 곳 같았다.

아니 나는 모른다. 이 정원이 혹 나의 집과 연결되어 있는지 아니면 따로 있는 것인지 이점은 아직 나에게 알려지지 않았다.

지금 생각은 이렇게 넓은 정원 꽃밭이 내 집과 연결되어 있으리라고는 나는 아직 생각지 않는다.(그러나 사실 이 넓은 꽃밭이 내 집의 정원과 연결되어 있다는 것을 나중에 알게 되었다. 할렐루야.)

그리고 주님과 나는 유리바다에 떠 있는 조가비 배에 탔다.

주님과 내가 몇 번 탔던 것이다.

주님이 저쪽에 앉으시고 내가 이쪽 끝에 앉았다.

유리바다의 물이 우리 발 있는 부위에 들어와서 우리의 발을 적셨다. 조가비 배 안이지만...

주님이 말씀하신다.

"나는 너를 사랑한단다."

나는 말했다.

"저두요."

"너는 내 것이란다."라고 말씀하셨다.

"네"

그리고 나서 주님과 나는 주님의 보좌 앞으로 옮겨졌다.

내가 주님 앞에 엎드렸고 주님은 보좌에 앉으시고 두 천사가 그를 보좌하고 있었고 양쪽으로는 천사들이 늘어서 있었다.

나의 의자는 주님의 앞쪽으로 왼쪽으로 천사들이 있는 곳에 있다. 모세가 주님의 왼편에 와서 섰다.

'아니, 모세님이 또 나타났네!' 하는 생각이 들어왔다.

그리고는 나는 주님께 애원하였다.

"주님, 제가 주님의 생명을 전하는 자 되게 하여 주소서!"하고 말이다. 주님의 생명을 전하는 데는 내가 없어지고 주님만이 드러나야 하는 것이었다.

그래서 나는 말했다. 이제 나로 사는 것을 그만두게 하여 달라고 기도했다. 그러면서 나로 살면 그것이 다 사단으로 하여금 나를 공격하게 하는 거리가 되는 것을 이제는 그만두고 싶다하였다. 이 마음이 주님과 거기 있는 모두에게 전달이 되면서 그 순간 나는 내 보이는 몸이 없어지고 갑자기 내 몸이 투명체로 보이는 것이었다.

아니, 이것이 어떻게 이루어졌는가 하면 순간적으로 주님의 생명이 나를 통과하여 지나가면서 나를 투명체로 변하게 하였다.

즉 나라는 인간은 없어 보였다. 왜냐하면 내가 투명체로 변했으니까. 이것을 보고 거기 있던 모든 천사가 환호를 하면서 즐거워하여 주었다.

그리고 그 순간 나에게 성경구절이 생각나는 것이었다. 아니 주님이 나에게 생각나게 하여 주신 것이다.

[갈 2:20]

(20)내가 그리스도와 함께 십자가에 못박혔나니 그런즉 이제는 내가 산 것이 아니요 오직 내 안에 그리스도께서 사신 것이라 이제 내가 육체

가운데 사는 것은 나를 사랑하사 나를 위하여 자기 몸을 버리신 하나님의 아들을 믿는 믿음 안에서 사는 것이라

그러고 있는데 바울이 갑자기 나타났다.

그리고 내 손을 잡았다.

그리고 그는 주님 앞에서 이렇게 말하는 것이 느껴졌다.

"주님, 저희가 이제야 맺어졌습니다."

이것은 바로 이전에 내가 바울과 영적으로 맺어달라고 했던 것에 대한 답이었다. 즉 나는 바울과 영적으로 맺어진 것이다.

할렐루야.

영적으로 내가 바울처럼 된 것이다.

아이고, 할렐루야. 감사해라....

그리고 주님과 나는 또 모세를 만나는 테이블로 왔다.

물론 모세도 왔다.

주님은 오늘 금 면류관까지 쓰시고 왕복을 입으시고 또한 가운까지 입으셨다.

나와 모세가 주님의 왼편에 오른편에 각각 앉았는데 오늘따라 우리 앞에 놓인 테이블이 정금이었다. 그리고 내게 황금지팡이가 주어졌고 우리 앞에는 성경책이 펼쳐졌다.

오늘 우리가 보는 곳은 모세가 명하지 않고 바위를 두 번 쳐서 물을 내는 장면이었다.

원래 주님은 모세에게 이스라엘 앞에서 반석에게 명하여 물을 내

라 했다. 그런데 모세는 명하지 않고 반석을 지팡이로 두 번 쳐서 물이 나오게 하였던 것이다.

[i] 여기서 주님이 내게 알게 하여 주시는 것은 화를 내는 것이 성을 내는 것이 어떠한 경우에도 의를 이루지 못함을 알게 하여주셨다.

이때에 모세가 이스라엘 민족에게 화를 내고 있었다.

모세가 그 순간 자신을 컨트롤할 수 있었더라면 그는 하나님의 명령을 따라 반석에게 명하여 물이 나오게 하였을 것이다.

그러므로 어떤 경우에도 화를 내는 것이, 성을 내는 것이 하나님의 의를 이루지 못하는 것이 명백하다.

그러므로 우리는 우리가 하나님의 일을 감당할 때에 하나님의 영광을 나타내고자 할 때에 우리가 명심하여야 할 것은 하나님이 하라고 한 방법대로 해야 하는 것이다.

하나님의 시키신 방법대로 하지 않고 자신의 생각대로 할 때에 하나님의 진노가 임한다는 것이다. 주여!

하나님은 그들이 원하는 물은 주었으나 이것으로 인하여 하나님의 방법대로 하지 않았던 모세는 이것 때문에 가나안으로 들어가지 못했다. 즉 주님이 이것을 이유로 그를 가나안에 못 들어가게 하신 것이다.

그러나 주님은 여기서 또 나에게 알게 하시는 것은 그의 사명은 여기서 끝났다는 것이다. 즉 그는 어쨌든 그의 사명을 다하였으므로 이제 그는 죽어도 되는 것이었다. 즉 주님 곁으로 가도 되는 것이었다. 그때 그의 나이가 120세였다.

그리고 주님은 이스라엘 민족에 대한 주님의 경륜을 다른 사람을 통하여 계속해서 이어나가게 하신 것이다. 할렐루야.

[ii] 성경은 모세가 120세가 되기까지 눈이 어두워지지 아니하였다라고 기록하고 있다.

주님께서 나에게 알게 하여 주신 것은 이것은 순전히 하나님의 능력이 개입되었음을 알게 하여 주셨다. 주의 일을 위하여 말이다.

물을 포도주로 변하게 하셨던 하나님의 능력으로 하나님은 모세의 눈을 어두워지지 않게 하신 것이다. 주여!

우리는 기도하기를 모세처럼 눈이 어두워지지 않게 하여 달라고 기도한다. 그런데 이것은 억지이다.

모세처럼 주님의 일을 감당하는 것도 아닌데 다만 그렇게 하여 달라고 기도한다하여 그런 자에게 물을 포도주로 변하게 하시는 이러한 하나님의 능력이 임하지 아니할 것이다.

그러한 기도는 기도자체가 잘못된 것이다. 그냥 이 세상에서 오래살기 위한 기도인 것이다. 그러한 기도는 하나님의 기적을 일으키지 아니할 것이다.

우리는 하나님이 거룩하시니 우리도 거룩하여야 한다.

오직 주를 위하여 일하고자 할 때에 주님의 필요에 따라 하나님은 그러한 기적을 베푸실 것이다. 할렐루야.

[iii] 그리고 성경에는 모세의 시체를 가지고 천사장 미가엘이 마귀와 다투었다고 기록한다.

[유 1:9]
천사장 미가엘이 모세의 시체에 대하여 마귀와 다투어 변론할 때에 감히 훼방하는 판결을 쓰지 못하고 다만 말하되 주께서 너를 꾸짖으시기를 원하노라 하였거늘

이것이 무슨 말인지를 이해하고 싶었다.

그리하였더니 모세가 주님에게 눈짓으로 물었다. 사라에게 밝혀 주어도 되냐고?

그랬더니 주님이 눈짓으로 고개로 '오케이' 하시는 것이 보였다.

그 다음 내게 알려지는 것은 이러한 것이었다. 할렐루야.

모세는 느보산에서 죽었다.

그는 죽자마자 그의 영은 즉시 천국에 도착하였는데 수많은 사람들과 천사들이 그의 천국입성을 주님과 함께 호화롭게 진행된 것을 알게 해 주셨다.

그런데 지상에 있는 느보산에 있는 그의 시체를 마귀가 그 시체를 짐승들에게 찢기게 하여 찢겨진 그의 몸을 사람들 앞에 보여서 모세의 죽음을 욕되게 하려 하였다는 것이다. 오 마이 갓!

그런데 미가엘 천사장이 그것을 알고 천사들을 시켜서 그의 시체가 동물들에게 찢겨지지 않도록 보호하였다는 것이다. 할렐루야. 여기까지만 내게 알려졌다.

[신 34:1-8]

(1)모세가 모압 평지에서 느보산에 올라 여리고 맞은편 비스가산 꼭대기에 이르매 여호와께서 길르앗 온 땅을 단까지 보이시고 (2)또 온 납달리와 에브라임과 므낫세의 땅과 서해까지의 유다 온 땅과 (3)남방과 종려의 성읍 여리고 골짜기 평지를 소알까지 보이시고 (4)여호와께서 그에게 이르시되 이는 내가 아브라함과 이삭과 야곱에게 맹세하여 그 후손에게 주리라 한 땅이라 내가 네 눈으로 보게 하였거니와 너는 그리로 건너가지 못하리라 하시매 (5)이에 여호와의 종 모세가 여호와의 말씀대로 모압 땅에서 죽어 (6)벧브올 맞은편 모압 땅에 있는 골짜기에 장사되었고 오늘까지 그 묘를 아는 자 없으니라 (7)모세의 죽을 때 나이 일백 이십세나 그 눈이 흐리지 아니하였고 기력이 쇠하지 아니하였더라 (8)이스라엘 자손이 모압 평지에서 애곡하는 기한이 맞도록 모세를 위하여 삼십일을 애곡하니라

19
모세의 궁의 광장바닥은 붉은 벽돌로 되어 있다.

(2014. 7. 19)

두 번째 올라갔다.

내가 수레에서 내리자마자 미끄럼틀에서 내려오는 것이었다.

이것이 어떻게 가능한지 모르겠으나 수레에서 내리자마자 나는 저 높은 곳에서 미끄럼틀을 타고 내려와서 주님을 만났다.

할렐루야.

주님은 나를 바로 모세가 있는 궁으로 인도하였는데 궁 안의 큰 광장의 바닥이 오늘은 자세히 보였는데 다 붉은 벽돌로 되어 있었다. 오! 할렐루야!

그 넓은 광장이 붉은 벽돌로 되어 있었다.

그리고 그 광장 저 앞에 황금 테이블이 놓여 있었는데 거기에 주님과 모세 그리고 내가 앉았다.

모세가 말한다.

'주님, 사라가 성경의 자꾸 딴 곳을 보기를 원한다.'고 했다.

그래서 나는 모세에게 내가 어디를 보기를 원하냐고 되물었다. 그랬더니 내가 노아 부위를 보기를 원한다고 했다. 모세는 내 마음을 자신이 더 잘 알고 있는 것이다.

그리고서는 우리는 노아 부위에서 안 넘어가고 있었다.

주님은 노아를 통하여 나에게 무엇을 말하고 싶으실까?

그래서 고민하다가 모세와의 대화가 더 이상 열리지 않고 그래서 내려와야 했다.

20
이사야가 나에게 마지막으로 전하여 준 말

(2014. 7. 29)

천국에 도착하기 전부터 주님은 수레 안에서 내게 생명수를 많이 먹이셨다. 그리고 나를 내려서 막 공중에 던지시고 빙빙 돌리시고 하셨다.

주님은 나를 정원에 나 있는 길로 인도하였는데 그 정원의 양쪽에는 노란 꽃들이 키 크기가 1m 이상이나 되어 쭉쭉 뻗어 있었다. 너무 예뻤다. 이 노란 꽃들이 한참 길을 걸어 가다보니 붉은 분홍색 꽃으로 바뀌었다. 결국 주님과 나는 유리바다 앞까지 오게 되었는데 그곳에 놓인 벤치에 앉았다.

주님과 내가 거기에 앉아 있는데 이사야가 하늘색 옷을 입고 나타났다. 그리고는 내 옆에 앉았다.

나는 주님께 말했다.

"주님, 이사야가 왔어요."

주님은 '오 그래! 이사야가 사라에게 할 말이 있는 모양이지!" 하고 말씀하시는 것이었다.

그래서 나는 이사야에게 말했다.

"이사야님, 저에게 무슨 할 말씀이 있어요?"라고 물었다.

그랬더니 이사야가 말했다.

이사야 53장에 말한 것처럼 예수님이 우리를 위하여 채찍을 맞으므로 우리의 질병을 다 가져가신 것을 나에게 믿으라 하면서 그것을 선포하라고 했다. 할렐루야!

이것을 나에게 '믿음으로 받으라.' 라고 했다. 할렐루야.

"네 알겠습니다. 그렇게 하겠습니다. 감사합니다." 라고 내가 말했다.

그리고 나는 주님과 함께 모세에게 가기를 원했다.

이사야는 벤치에 앉아 있는 것 보고 주님과 나는 모세가 있는 궁으로 갔다.

모세가 저 궁 안쪽에서 테이블 있는 쪽으로 나왔다.

그리고 노아의 부분에 가기를 원했다.

노아, 당대에 의로운 자라.

그를 통하여 다시 이 세상의 사람들이 번식하게 되었다는 것이다. 노아가 의로운 자였는데 왜 그 아들들과 자부들이 구원받았나? 방주에 말이다.

그것은 전적으로 하나님의 은혜다.

즉 노아를 통하여 사람들을 지구에 번식시키려 하니 그 아들들을 보존한 것이었다.

그들이 구원받은 것은 순전히 노아 때문이다.

그 때에 나는 다음 성경구절이 생각이 났다.

주님이 모세에게 '내가 이스라엘 민족을 다 멸하고 너를 통하여
다시 이것을 이루어 나가겠다' 고 한 것과 동일한 것이다.

[출 32:7-14]

(7)여호와께서 모세에게 이르시되 너는 내려가라 네가 애굽 땅에서 인
도하여 낸 네 백성이 부패하였도다 (8)그들이 내가 그들에게 명한 길을
속히 떠나 자기를 위하여 송아지를 부어 만들고 그것을 숭배하며 그것
에게 희생을 드리며 말하기를 이스라엘아 이는 너희를 애굽 땅에서 인
도하여 낸 너희 신이라 하였도다 (9)여호와께서 또 모세에게 이르시되
내가 이 백성을 보니 목이 곧은 백성이로다 (10)그런즉 나대로 하게 하
라 내가 그들에게 진노하여 그들을 진멸하고 너로 큰 나라가 되게 하리
라 (11)모세가 그 하나님 여호와께 구하여 가로되 여호와여 어찌하여
그 큰 권능과 강한 손으로 애굽 땅에서 인도하여 내신 주의 백성에게 진
노하시나이까 (12)어찌하여 애굽 사람으로 이르기를 여호와가 화를 내
려 그 백성을 산에서 죽이고 지면에서 진멸하려고 인도하여 내었다 하
게 하려 하시나이까 주의 맹렬한 노를 그치시고 뜻을 돌이키사 주의 백
성에게 이 화를 내리지 마옵소서 (13)주의 종 아브라함과 이삭과 이스라
엘을 기억하소서 주께서 주를 가리켜 그들에게 맹세하여 이르시기를 내

가 너희 자손을 하늘의 별처럼 많게 하고 나의 허락한 이 온 땅을 너희의 자손에게 주어 영영한 기업이 되게 하리라 하셨나이다 (14)여호와께서 뜻을 돌이키사 말씀하신 화를 그 백성에게 내리지 아니하시니라

즉 하나님이 하시겠다면 정말 모든 것을 다 하실 수 있는 분이신 것이다.

할렐루야.

다 쓸어버리시고 다시 시작하실 수 있는 분이 하나님이신 것이다. 할렐루야.

우리는 이것을 명심하여야 할 것이다. 주여!

21
모세를 만나는 궁의
가장 안쪽의 구조가 밝혀지다.

(2014. 8. 4)

천국에 올라갔다.

주님이 즉시 나를 늘 모세를 만나던 장소로 데려 가신다.

우리는 계단을 올라가서 큰 궁의 광장에 도달했다.

그 광장의 안쪽에 의자가 세 개 놓여 있고 그 뒤에 칸을 막듯이 되어 있는 판처럼 된 보석으로 된 장식이 아름다웠다.

주님이 앉으시고 나도 앉고 모세도 앉았다.

그리고서는 늘 하던 대로 앞에 놓여 있는 테이블로 자리를 옮겼다. 주님이 앉으시고 내가 주님의 오른편에 모세가 주님의 왼편에 앉았다.

오늘따라 내 드레스가 분홍색이 아른거리면서 반짝거리는 드레스를 입고 있다. 모세는 청색이 아른거리면서 반짝거리는 옷을 입고 있었다. 분홍색과 청색의 색상의 대조가 아름다웠다.

나에게 황금지팡이가 쥐어졌다.

나는 말했다. 이제 모세와 할 이야기는 다 끝난 것을 알고서는 내가 여기 모세를 만나러 자주 놀러 와도 되냐고 물었다.

그랬더니 모세가 주님께 말한다.

'주님, 사라가 십계명을 적은 돌판에 대하여 의문을 가지고 있었어요.'

그 의문은 그 돌판에 십계명을 하나님이 어떻게 썼냐 하는 것이었다. 성경에는 하나님의 손가락으로 썼다고 기록하고 있다.

나는 이것이 사실 몹시 궁금하였었다.

그런데 모세가 이것을 알고 들고 나온 것이다.

그랬더니 주님이 알게 하신다.

모세가 그 산에서 자고 일어났더니 벌써 두 돌판에 십계명이 히브리어로 다 기록이 되어 있었다는 것이다. 할렐루야.

그렇구나!

그런데 오늘 우리가 테이블에 앉자마자 테이블 양쪽 옆으로 우리 뒤로 흰 날개가 달린 흰옷입은 천사들이 5명씩 서 있었다. 그들은 서서 흰 큰 깃털을 각각 하나씩 들고서 우리 머리 위에서 그것들을 기울여 있다가 쫙 들어 올렸다.

그래서 나는 오늘 느끼기를 특별한 환영식을 받는다는 생각이 들었다.

'무슨 환영식일까?'

그들은 그렇게 우리를 환영하고서는 그 광장의 양옆 벽쪽으로 가서 5명씩 서는 것이었다.

　　아하 이 천사들은 늘 우리가 모세의 궁에 오면 그 양쪽 벽에 서 있던 천사들이었던 것이 알아졌다.

　　그런 후에 나는 광장 안쪽의 궁이 무척 궁금하여졌다.

　　그것을 아신 주님은 나를 그리로 인도하였다.

　　주님과 모세 그리고 나는 일어나서 그 궁 안쪽으로 걸어 들어갔다.

　　그런데 양옆이 꼭 홍해가 갈라져서 양옆에 두면이 생기듯이 그러한 느낌을 받으면서 우리 앞쪽으로 길이 쫙 열린다는 느낌을 받으면서 걸어 들어가는데 중간에 나 있는 길의 바닥은 반짝반짝한 대리석이었다. (이 바닥은 이 모세의 궁의 중간 지점의 바닥이었는데 이 바닥의 양쪽 옆 즉 좌우편의 바닥은 또 다른 무늬로 되어 있는 것을 나중에 알게 되었다.)

　　우리가 늘 있던 곳 성막구조의 뜰에 해당하는 광장의 바닥은 붉은 벽돌로 되어 있었다 (물론 이것도 자세히 보면 다 보석으로 되어 있을 것이나 내 눈에는 우선 붉은 벽돌로 된 바닥으로 보였다.)

　　우리는 안으로 계속 걸어 들어갔는데 오 마이 갓!

　　그러니까 가장 안쪽이다.

　　그 가장 안쪽의 바닥은 다 황금바닥이었다. 와우!

　　그리고 우리 앞에는 큰 유리방이 나타났다. 그 유리방이 열리면서 다시 그 안에 유리문이 있었고 그 유리문이 열리면 그 안에는 큰 유리박스가 있었고 또 큰 유리박스 안에는 황금 두 돌판이 들어 있었던 것이다. 오 마이 갓!

이곳은 전에 주님과 내가 한 번 와본 곳이다 (성경편 제1권 창세기, 124p 참조)

즉 이 궁(모세의 궁)의 가장 안쪽으로는 이전에 주님이 내게 십계명이 들어 있는 유리방을 보여주셨는데 그 유리방이 바로 이 모세의 궁의 가장 안쪽에 있는 방이었던 것이다. 할렐루야.

이 유리방은 십계명을 적은 황금 두 돌판을 기념하여 보관하는 방이었다.

어쩜 이렇게 밝혀질 수가!

나는 놀랍고 놀라워했다. 그 유리방이 이 모세의 궁의 가장 안쪽에 위치하고 있었다니!

그런데 주님은 나와 모세가 그렇게 성막구조의 뜰에 해당하는 광장에서 성경에 대하여 그렇게 이야기를 주고 받았음에도 불구하고 이제야 주님은 나에게 이 모세의 궁의 안쪽의 구조를 알게 하시는 것이었다.

그제야 나는 이런 생각이 들어 왔다.

아하! 이 궁은 모세와 관련된 기념관인가 하는 생각이 들어왔다.

왜냐하면 꼭 모양새가 100% 똑같은 것은 아니나 구약에 나오는 성막의 구조와 비슷하다는 생각이 들어왔기 때문이다.

좀 틀린 점은 성소에 해당하는 중간부위이다.

중간부위에는 우리가 걸어 들어온 중앙 길 옆쪽으로 긴 기둥들이 서 있고 그리고 분명한 것은 우리가 걸어 들어 온 중앙 길의 오른편에는 아주 흰 색으로만 장식된 거룩하고 거룩한 방이 있었다. 주님은 모세와 나를 이 방에 데리고 들어가서 이야기를 나눈 적이 있었다.

오늘은 주님이 이 궁의 안쪽 구조에 대하여 밝혀 주신 것이다. 할렐루야.

정말로 감사하다.

**** 모세를 늘 만나는 이 궁 (나는 이 궁을 '모세의 궁' 이라 부른다)에 대하여 대략 어떻게 생겼는지 나는 여기서 조금 자세히 기록하고자 한다.

구약에 보면 성막의 구조가 뜰, 성소, 지성소로 구분된다.

그런데 내가 모세를 늘 만나서 성경을 이야기한 장소는 큰 광장으로 이 뜰과 같은 곳이라 생각 되어졌다. 이 뜰과 같은 광장을 쭉 안쪽으로 가면 성막구조의 성소에 가까운 쪽으로 광장의 안쪽에 세 의자가 놓여 있다. 이 세 의자는 다 황금으로 장식된 아름다운 의자들인데 가운데 크고 등받이가 긴 의자는 주님이 앉는 자리였고 그 옆에 등받이가 낮으면서 조금 작아 보이는 두 의자가 그 주님이 앉는 의자 양쪽으로 하나씩 놓여 있었다. 그리고 그곳의 주님이 앉으시는 자리 그 오른 편에는 주님이 나를 앉혔고 그 분의 왼쪽

의자에는 모세가 앉았었다.

그리고 그 의자들 바로 뒤에는 큰 칸막이 같은 벽이 서 있고 이 벽도 보석으로 장식되어 있는 높고 큰 아름다운 칸막이 같은 것이었다. 그 뒤로부터는 성막의 중간부위 성소가 시작되는 부위처럼 보이는데 그 바닥은 붉은 벽돌이 아니라 반짝반짝 빛나는 대리석으로 변하면서 길이 시작된다.

그러나 이 구약의 성소에 해당하는 부위에는 향불이 있고 정금 등대가 있고 한데 여기는 그렇지 않았다. 다른 구조를 가지고 있었다.

이 중간지대를 지나면(성막의 성소부위에 해당하는) 가장 안쪽 즉 성막구조의 지성소부위에 해당하는 장소인데 거기에는 유리방이 있었고 그 안에는 십계명을 담은 황금 두 돌판이 들어 있었던 것이다. 할렐루야.

그래서 나는 이 가장 안쪽의 유리방은 바로 구약의 성막의 구조에서 지성소에 해당하는 언약궤 부위가 있는 곳과 비슷하다는 생각을 했다.

그리고 이것은 약 한달 후(2014.9.8) 에 나중에 알게 된 것인데 여기서 같이 기록하여 두는 것이 좋을 것 같아서 기록한다.

한날은 천국에 올라갔는데 주님이 나를 모세의 궁 가장 안쪽 즉 순황금으로 된 바닥에 큰 유리방이 있는 곳으로 데리고 가셨는데 그 유리방 안에는 다시 유리문이 있었고 그 유리문 안에 큰 유리로 된 박스 안에 십계명을 적은 두 황금 돌판이 있는 것을 보여 주셨다.

그리고서 그 옆에 따로 보관된 다른 법궤 같은 것을 보여주셨는데 이것은 정말 구약시대의 언약궤를 생각나게 하였는데 이 천국에서의 이 법궤는 정말 그 장식이 보석들로 되어 있어 너무 예뻤다. 즉 겉이 청색 녹색 붉은색의 보석으로 장식이 되어 있는 아주 큰 보석함 같은 것이었는데 그 안에는 아론의 싹 난 황금지팡이가 보석으로 된 살구꽃이 핀 채로 들어 있었고 할렐루야. 그리고 그 안에 만나를 담은 항아리가 그 법궤처럼 생긴 보석함속에 있었던 것이다. 여기에 보관된 만나는 썩지 아니하는 재질로 만들어진 만나였다.

나는 조금 이상하다는 생각이 들기도 했다. 왜냐하면 구약에서의 법궤 안에는 십계명을 적은 두 돌판, 아론의 싹 난 지팡이, 그리고 만나를 담은 항아리가 다 같이 들어 있는데 여기는 그렇지 않았기 때문이다.

이 모세의 궁 안의 지성소에 해당하는 부위에는 이들이 따로 보관되고 있었다. 즉 십계명을 적은 두 황금 돌판은 유리방 안에 보관되고 있었고 아론의 싹 난 황금지팡이와 만나를 담은 항아리는 법궤를 상상시키는 큰 보물함에 들어 있었기 때문이다. 나는 이 모든 것에 대하여 잘 모른다. 왜 이들이 다르게 보관되고 있는지.....

주님이 하신 일이겠지 하고 나는 넘어간다.

나는 다만 주님이 내게 보여주셔서 모세의 궁을 이렇게 기술할 수 있다는 것이 감사할 뿐이다.

모세의 궁이 성막구조와 비슷하게는 생겼으나 똑같은 구조는 아니라는 사실이다. 할렐루야.

22
모세의 궁의 중간구조의 왼쪽편이 밝혀지다.
(2014. 8. 15)

주님은 나를 모세의 궁으로 인도하였다.

모세가 나왔다.

우리는 늘 앉는 광장의 테이블에 앉았는데 주님이 앉으시고 나는 그분의 오른편, 그리고 모세는 나의 건너편 주님의 왼편에 앉았다.

그리고 오늘따라 흰 날개 달린 어른 천사 4명이 우리의 양쪽에 각각 벽쪽에서 서 있었고 그들은 금나팔을 불고 있었다.

주님이 말씀하신다.

"사라야, 모세에게 더 물을 말이 있니?"

나는 특별히 생각나는 것이 없어서 '모세님 저 궁을 조금 더 확실히 보고 싶어요.' 라고 했다. 나는 중간구조에 해당하는 즉 성막의 성소부위에 해당한다고 하는 중간부위의 왼쪽편이 궁금하였다. 오른편에는 온통 흰색으로 된 거룩하고 거룩한 방이 있는 것을 보았다. 그런데 왼편에는 무엇이 있는지 궁금하였던 것이다.

그랬더니 주님과 나와 모세가 일어나서 나를 그 궁 안쪽으로 인도하는 것이었다.

그 궁의 제일 안쪽에는 십계명을 적은 황금 두 돌판이 들어 있는 유리방이 있는 것을 나는 알고 있었다.

주님과 나 그리고 모세가 광장 안쪽으로 그 궁의 안쪽으로 걸어 들어가면서 중간지점에 (성막구조의 성소부위에 해당하는) 해당하는 왼쪽에 있는 구조들이 보였다.

거기에는 방이 있는 것이 아니라 아주 크고 긴 여러 명이 앉을 수 있는 소파들이 있었고 또한 혼자 앉을 수 있는 소파들이 있었다. 이들은 모두 아름다운 쑥색의 쿠션으로 되어 있었고 질서있게 배열되어 있었다. 이 소파들은 모두가 다 의자에 앉아 손을 놓는 자리들이 다 갈색의 나무들로 되어 있었는데 그들은 참으로 아름답고 정교하며 예뻤다.

그리고 이 소파들이 질서있게 배열되어 있는 이 중간지점의 왼편에 해당하는 장소의 바닥은 꼭 타일과 같은 모자이크 형식으로 배열되어 있었는데 그 하나하나의 타일 같은 색깔은 회색과 푸른색과 자주색의 무늬가 어우러진 아주 고급스럽고 아름다운 바닥이었다.

할렐루야!

오늘 이렇게 성막구조의 중간지점에 해당하는 성소부위에 해당하는 모세의 궁의 구조중 왼편에 있는 구조를 또 밝혀주신 주님께 감사하다.

할렐루야.

이렇게 하여 마지막으로 나는 모세의 궁의 생김새를 거의 열거하게 되었다.

할렐루야. 주님께 감사를 드린다.

또한 나는 지금까지 아무 것도 아닌 나를 천상에서 믿음의 선진 모세와 대화하게 함으로 말미암아 여태까지 내가 성경을 읽으면서 궁금하였던 그런 점들을 천상에서 밝혀주신 주님께 진심으로 감사와 찬양을 올려 드린다.

모든 영광 주님 홀로 받으소서!

그러므로 염려하여 이르기를 무엇을 먹을까 무엇을 마실까 무엇을
입을까 하지 말라 이는 다 이방인들이 구하는 것이라 너희 천부께서
이 모든 것이 너희에게 있어야 할 줄을 아시느니라 너희는 먼저 그의
나라와 그의 의를 구하라 그리하면 이 모든 것을 너희에게 더하시리
라 [마 6:31-33]

천국과 지옥 간증 책을 한글로 또 영어로 또한 각국 언어로 펴내어져
전세계적으로 복음의 도구가 될 수 있도록 여러분의 재물적인 후원이
필요합니다.
은혜받으신만큼 성령께서 인도하시는 대로 많은 영혼들이 구원받을
수 있도록 여러분의 정성어린 후원을 부탁드립니다.

※ 후원하신 모든 금액은 하나님나라 확장과 영혼구원사역에만
　쓰여집니다.

후원계좌 :
　　Paypal Account : lordslovechristianchurch@yahoo.com

은행구좌 (Bank account) :
　1. 예금주: Sarah Kim
　　　한국 신한은행 (전화: 02-595-5811)
　　　구좌번호 (Account #): 110-430-726512

　2. Lord's Love Christian Church
　　　SHINHAN BANK (AMERICA)
　　　구좌번호 (Account #):700-000-436797
　　　은행고유번호 (Routing #): 122041646
　　　주소 (Address): 3000 W. Olympic Bl.
　　　　　　　Los Angeles, CA 90006, USA
　　　　　　　(Tel: 213-251-3000)

미국연락처 :
　　Tel : 323-702-1529
　　E-mail : sarahseoh@ymail.com

주님이 하셨습니다.
　모든 영광을 주님께..

천국과 지옥 간증 수기 4 성경편 제 2 권 - 모세편

초판인쇄	2015년 5월 18일
초판발행	2015년 5월 25일
2 쇄	2023년 4월 1일

저　자	서사라
펴 낸 이	최성열
펴 낸 곳	하늘빛출판사
연 락 처	043-537-0307, 010-2284-3007
출판등록	제 251-2011-38호
주　소	충북 진천군 진천읍 중앙동로 16
이 메 일	csr1173@hanmail.net
I S B N	978-89-969185-7-8
가　격	16,000원